A Força do Desejo

Transmissão da Psicanálise
diretor: Marco Antonio Coutinho Jorge

Guy Rosolato

A FORÇA DO DESEJO

O âmago da psicanálise

Tradução:
Procópio Abreu

Revisão técnica:
Marco Antonio Coutinho Jorge

Jorge Zahar Editor
Rio de Janeiro

Título original:
La Portée du désir (ou la psychanalyse même)

Tradução autorizada da segunda edição francesa
publicada em 1998 por Presses Universitaires de France,
de Paris, França, na coleção Bibliothèque de Psychanalyse,
dirigida por Jean Laplanche

Jorge Zahar Editor Ltda.
rua México 31 sobreloja
20031-144 Rio de Janeiro, RJ
tel.: (021) 240-0226 / fax: (021) 262-5123
e-mail: jze@zahar.com.br

CIP-Brasil. Catalogação-na-fonte
Sindicato Nacional dos Editores de Livros, RJ.

Rosolato, Guy, 1924-
R737f A força do desejo: o âmago da psicanálise / Guy Rosolato; tradução, Procópio Abreu; revisão técnica, Marco Antonio Coutinho Jorge. — Rio de Janeiro: Jorge Zahar Ed., 1999

(Transmissão da psicanálise; 62)

Inclui cronologia
ISBN 85-7110-523-5

1. Desejo. 2. Psicanálise. I. Título. II. Título: O âmago da psicanálise. III. Série.

CDD 152.4
99-1057 CDU 159.94

Sumário

Prefácio

O desejo está seguramente no cerne do funcionamento mental e da psicanálise que dele presta contas. Entra na constituição da fantasia, do sintoma, do conflito; e o sonho, como mostrou Freud, expressa-o em sua realização.

Ao propor aqui conceber um *alcance* do desejo, trata-se de reagrupar as características que lhe são específicas.

É antes de mais nada um movimento, uma força, de atração ou de liberação, uma tendência para um prazer, que induz um ato, em busca de um estado; é também um potencial. Mas é preciso insistir bem no fato de que o desejo não se reduz a uma potência, uma energia mecânica: mais exatamente, está fundamentalmente ligado a percepções primeiras, às imagens que daí resultam, digamos às representações e aos significantes que compõem estas imagens, e cujo reencontro é indispensável à *realização* do desejo. Essa tensão que liga de novo uma satisfação passada à que está por vir, que é chamada pelo desejo, permanece intimamente ligada ao sentido que emana de uma cadeia de significantes, tanto no pensamento quanto na linguagem. Esse potencial incoativo, tanto como ponto de partida de uma origem ativa, quanto como visada de um sentido que se constitui e se completa sem cessar, é inseparável dos significantes.

Por isso, é preciso sublinhar que o desejo distingue-se da pulsão, a qual comporta necessariamente uma ambigüidade, "um dos conceitos da demarcação entre o psiquismo e o somático", diz Freud,[1] já que é a um só tempo estritamente fisiológica, feita de excitação corporal com o objetivo de suprimir essa tensão, mas em função de um objeto que se estabelece numa relação e numa comunicação. As pulsões são "seres míticos, grandiosos em sua indeterminação", diz ainda Freud.[2] De minha parte, acrescentarei que sem esquecer nem minimizar a infra-estrutura fisiológica e hormonal, sobretudo na maturação da infância e da adolescência, e na involução da velhice, a tendência a valorizar a pulsão atenua ou apaga seu fiador psíquico assim como os mecanismos complexos colocados em jogo, até recalcar os sentidos que os sustentam. E particularmente a invocação da pulsão de morte pode ter tais efeitos.

Estabeleçamos, pois, que o desejo não é a pulsão e não se separa das sutilezas de sentido simbólico que a psicanálise depreendeu e que só são entendidas através das combinações de significantes.

Vou apenas assinalar aqui o que será retomado nesta obra, após Lacan, sobre as diferenças entre a necessidade e suas exigências biológicas, a demanda que é de amor e que é um vínculo, às vezes de dependência adstringente, do sujeito com o outro, e o desejo que se distingue dessa demanda, onde, ainda que se situe como desejo do Outro, convém entender justamente neste o desconhecido segundo suas diversas incidências.

Entenda-se que o termo "alcance" condensa esses caracteres do desejo: ressaltarei o *alcance musical* porque ele se presta bem como exemplo de um apoio e uma duração a serem seguidos, mas que perde todo sentido caso se abstraia das notas que lá se inscrevem assim como dos signos complementares (chaves, durações, alterações). O desejo é o alcance dos significantes.

Além disso, o termo sugere em seu emprego arquitetônico uma distância entre os pontos de apoio de um arco, de uma abóbada, ou, com um espaço a ser transposto, o poder, a força, de atingir física ou mentalmente um objetivo — o intento mesmo do desejo ligado às representações que servem de balizas iniciais e terminais.

Enfim, o alcance evoca ainda o nascimento animal: assinalo a significação sexual, maior com o desejo, justamente na medida em que o Eros, não se reduzindo à necessidade, e a sexualidade podendo ser, ao seguir certos ideais, religiosos por exemplo, indefinidamente afastada, o desejo transforma, para sublimá-la, sua fonte carnal.

O fato é que as relações entre o desejo e a satisfação, orientadas pelas representações primeiras de um objeto perdido, ou por aquelas que lhe sucederam, oferecem uma certa variedade: desde a forma alucinatória, até a simples excitação, ou aquela convenientemente preenchida por um objeto. Mas, além disso, o efeito dos interditos e das necessidades da realidade age sobre a aspiração aos prazeres, e inclusive transformando-os por meio de sua repetição. O tempo e a experiência agindo, a partir de uma memória que se modifica, descobertas, vindo de um acesso ao desconhecido, ativam diferentemente o desejo. A quietude que se segue à excitação satisfeita pode tornar-se um estado de predileção até o ponto de esquecer sua causa. Essas mudanças são bem percebidas nos prazeres estéticos onde o que produzia uma jubilação acaba por perder esta qualidade e transferir-se para outras obras.

Enfim, é preciso levar em conta as alterações psicopatológicas da relação com o desejo: assim, nas neuroses, o desejo insatisfeito do histérico visa o desconhecido do desejo do outro[3]; o desejo impossível para a neurose obsessiva como se ele estivesse consumado na origem deve ser por isso mantido à parte em vias inacessíveis; e na neurose fóbica vincula-se à conjunção singular entre o temor e o desejo inspirado pelo objeto; assim, nas perversões encontramos o desmentido e o objeto que se furta ao desejo;[4] e na psicose a fascinação do desejo nas representações alucinatórias ou delirantes.

Direi brevemente, mas desenvolvimentos mais amplos surgirão adiante, que o alcance do desejo conduz para além das necessidades e de seus objetos a um *desconhecido* colhido e condensado por um *objeto de perspectiva* conforme os ideais dominantes.

Nos capítulos seguintes, o desejo é apreciado sob ângulos distintos para que suas diversas funções sejam melhor compreendidas.

• Em primeiro lugar, devia por certo vir a apresentação do sonho, já que ele exprime por sutis vias simbólicas o desejo, inclusive o desejo de dormir, considerado com o fascínio que as imagens mentais ativam, e a função de objeto produzido que têm o sonho no tratamento analítico. O umbigo do sonho é o seu objeto de perspectiva. O jogo de palavras "ou/onde" no título, indica tanto a conjunção quanto a disjunção entre *desejar e sonhar*, mas também a presença corporal, o lugar do corpo sexuado.

Gostaria de acrescentar aqui uma observação a respeito do pesadelo. A tendência geral é de ver nele uma exceção à afirmação freudiana da realização mental do desejo no sonho. Ora, não é nada disso, ainda que os intentos sejam aqui mais complexos.[5] Com efeito, é preciso admitir que pode haver um conflito de desejos no sonho, principalmente em relação à lei e seus interditos. Além disso, a agressividade e os anseios de morte acabam por voltar-se contra si; da mesma forma, a transgressão de uma transposição do desejo, como poder absoluto, direciona sua força para o enfrentamento do sofrimento e do horror. A partir de então, o desejo de dormir cede a vez a um desejo de despertar, o que é realizado pelo pesadelo. Mas sobretudo a aspiração a uma reunião, uma fusão primordial com a mãe, enquanto interdito maior do incesto manifestado ao mesmo tempo pelo sonho, leva às representações abissais da morte. Mais uma vez esse conflito quanto ao princípio de prazer resolve-se pelo despertar.

• Dedicando-se em seguida a descrever a *dupla potencialidade do inconsciente*, este se define em seu pólo negativo pela prevalência do sem sentido, com os esquecimentos, os sonhos, os lapsos, o recalque, as fixações e os mecanismos de defesa, a destrutividade ou a foraclusão, onde todavia se impõe também uma "satisfação alucinatória do desejo". A vertente positiva é a potencialidade do desejo que traz, graças a sua dinâmica própria, o sentido pelo agenciamento dos significantes (dos quais descrevo duas categorias, os significantes de demarcação, ou analógicos, constitutivos das representações, seja qual for sua natureza, e os significantes lingüísticos): ora, tanto uns como outros têm em comum, como esforcei-me em mostrá-lo,[6] o fato de se articularem segundo as duas estruturas da metonímia e da metáfora. Assim se instauram as relações de sentido entre representações, linguagem e referente. O desconhecido visado pelo desejo integra-se diferentemente nestas duas potencialidades específicas do inconsciente.

• Era preciso em seguida expor o impacto do desejo nas coletividades. São as fantasias que os homens têm em comum, necessariamente, que os ligam entre si por representações apropriadas a portar seu desejo. Mas essas fantasias que tentam vencer um desconhecido pregnante para o pensamento, principalmente com a morte, sustentam os mitos que lhes oferecem soluções enquanto ideais aptos a animarem projetos comuns onde o desejo enfrenta o desconhecido. Encontraremos em *A pulsão de morte enquanto mito* uma definição deste segundo estas implicações. Mas, além disso, a teoria da pulsão de morte em sua redução biológica é ela mesma apresentada como mito freudiano. Vem assim, como objeto de perspectiva, recobrir, dissimular, fazer desaparecer o desconhecido. Este aspecto tranqüilizador, à primeira vista, pode manter o recalque de todo pensamento da morte, a qual está no entanto no centro de uma elaboração psicanalítica complexa quando não obtura por simplificação e não desdenha seguir os meandros das organizações psicopatológicas. Reich não estava outrora errado em sua crítica da pulsão de morte em pôr em primeiro plano a exploração dos mecanismos constitutivos do masoquismo cuja importância conhecemos sempre que a morte é confrontada ao desejo sobre seu alcance de desconhecido.

• Nessa linha de pensamento convinha mostrar a riqueza das relações entre a psicologia individual e a coletiva quando reconhecemos os laços existentes entre *as fantasias originárias e seus mitos correspondentes.*

Já então a evidenciação pela psicanálise dessas fantasias originárias destaca duas constatações: a primeira é que toda procura do originário conduz ao desconhecido; a segunda estipula que a fantasia, por um enredo imaginário, mantém a ilusão de um saber e de um acesso ao desconhecido. O desejo é sustentado pelo objeto de perspectiva constituído pela fantasia. As quatro fantasias originárias fundamentais — *a cena originária* (a propósito do segredo do sexo nas relações e na procriação dos pais), *a castração* (que vem sancionar toda agressão, até mesmo homicida, ainda que só na intenção, contra o pai), *a sedução* (como iniciação ou acesso à relação, ao amor e ao sexo, a partir dos modelos parentais, ligados à linguagem e à educação), e *o retorno ao seio materno* (como dobra protetora nos sofrimentos, conflitos e perigos de morte) —, fornecem esquemas à procura do desejo.

É a freqüência, a comunidade dessas fantasias que sustentam os grandes mitos culturais e sociais, selando a aliança coletiva em torno dos ideais. As religiões, os monoteísmos que fizeram nossa civilização ocidental, são inseparáveis dos mitos fundadores correspondentes. Desse modo, à cena primitiva correspondem os relatos da *criação* (no Gênesis, no sentido mesmo de uma procriação original); à castração articula-se a circuncisão mas sobretudo *o sacrifício*, especialmente no cristianismo onde se realiza na pessoa do Filho; à sedução sucede *a revelação*, por um dom divino de amor, concretizado no Livro sagrado; enfim o retorno ao seio materno induz a origem edênica e, pela seqüência de *morte e ressurreição*, um fim que reencontra o *paraíso* perdido.

Mas esses mitos inseparáveis das religiões dão ao alcance do desejo, para além mesmo das crenças, os eixos que governam toda busca e toda descoberta, seja nas artes, na política, na filosofia ou nas ciências, para considerar o desconhecido e orientar as descobertas.

• Em decorrência desses estudos, era tentador explorar uma situação social em que o desejo refere-se a um mais-além. *A solidão* convinha a essa investigação que dela retém duas organizações opostas: *como suplício ou como serenidade.*

Na primeira, o suplício pode ser experimentado ou mesmo procurado, mas também imposto a outrem. É portanto primeiramente a aspiração ao sofrimento que convém vincular novamente aos mecanismos masoquistas onde o desejo é desviado da sexualidade e da relação com o outro para assim evitar o desconhecido e fixar-se em outros objetos de perspectiva. Por outro lado, no plano coletivo, a solidão imposta a outrem torna-se freqüentemente uma projeção dos desejos agressivos de cada um sobre um bode expiatório que desse modo fortalece as alianças.

Com a solidão como serenidade, os poderes de um narcisismo "trófico" asseguram uma liberação do desejo de muitas contingências dando ao seu alcance, ao aceitar positivamente a relação de desconhecido, um acesso às sublimações necessárias à atividade de pensamento e visa mesmo um desconhecido impossível de ser conhecido até nas práticas místicas ou austeras não apenas dos religiosos, mas também dos filósofos.

• Na última parte da obra aprofundaremos mais detidamente essa articulação, que considero de primeira importância, entre o desejo e o desconhecido, em seu extremo alcance.

É com esse objetivo que faço, no capítulo "O negativo e seu léxico", uma série de distinções, de definições que conduzem a delimitar o desconhecido. Encontraremos ali sucessivamente o negativo em sentido amplo, a negação linguageira, e a negatividade hegeliana (negação da negação), e as definições precisas dadas pela psicanálise francesa aos termos desaprovação, denegação e foraclusão. Com isso, o inconsciente, o desconhecido são situados em relação com o desejo, sabendo que o objeto de perspectiva, causa e objeto do desejo, é o próprio suporte do desconhecido.

• Convinha ainda frisar bem o laço indissociável existente entre o desejo e o sentido. O capítulo sobre o *ponto de vista econômico* mostra, com efeito, que levar apenas em consideração as noções de força, energia, pulsão (e mesmo na oposição entre pulsão de vida e pulsão de morte) corresponde quase sempre a manter a repressão, o recalque ou a desaprovação do *sentido* ligado ao desejo, sobretudo quando se trata de conflitos em que se enfrentam desejos diferentes com suas respectivas semânticas. Da mesma forma, a superação de uma perspectiva bloqueada numa única significação só é concebível considerando-se uma abertura graças a redes de sentidos. São portanto as *qualidades semânticas* que devem aparecer até nas reduções econômicas à quantidade que favorece o recalque.

• É principalmente nos três últimos capítulos que o alcance maior do desejo é tratado em sua relação essencial com o desconhecido.

Assim *o desconhecido na experiência do desejo* mostra em primeiro lugar que a criança começa a tomar consciência de seus desejos pelo estabelecimento de seus primeiros significantes analógicos (não verbais) oriundos daqueles que lhe comunica sua mãe. A relação de desconhecido impõe-se portanto desde a mais tenra idade através do acesso à ausência do objeto, à sua aceitação, e à espera que conduzem à aquisição da negação. A tripla maturação física, mental e sexual acarreta, pela travessia de separações aceitas enquanto benéficas, poder explorar um desconhecido positivo.

E entre os diferentes meios que a mente humana teve para aprisionar o desconhecido, as religiões vincularam-se especialmente ao da morte, oferecendo assim soluções que ao mesmo tempo fortalecem a aliança dos fiéis entre si. Souberam (e considero sobretudo os três monoteísmos do Ocidente) pensar e falar do desconhecido numa via própria a cada uma delas.

Falar da experiência do desejo é, no sentido entendido por Bion, apreender esse movimento, essa evolução do pensamento, essa compreensão animada pelo acesso a um desconhecido, aceitável, benéfico ou fascinante. Essa antecipação contínua implica pelo caminhar necessário e inelutável da articulação dos significantes entre si, pela cadeia destes, uma progressão que traz as diferenças e as transformações. A psicanálise tem, repito, por objetivo evidenciar a multiplicidade das potencialidades do desejo, isto é, de seus sentidos, não apenas através das fantasias recalcadas, mas até nos ideais que governam os humanos em seus cinco campos, religioso, político, filosófico, estético ou científico, para neles encontrar, no jogo complexo das sublimações, de novo essa relação do desejo ao desconhecido tal como ela se manifesta em função de um objeto de perspectiva que domina cada um desses campos. Enfim, se a Lei opõe-se ao desejo por seus interditos, deve-se igualmente levar bem em conta o fato de que ela o arrasta para prescrições que o transpõem para sublimações e realizações positivas, em que, nos dois casos ela trabalha, mesmo assim, é preciso ressaltá-lo, para sustentar seu alcance.

• Mas era preciso ainda aprofundar o exame das vias tomadas pelo desejo quando ele tende para uma idealização pela qual um limite extremo é visado, retendo apenas o desconhecido impossível de ser conhecido, fora das balizas da realidade, dos prazeres e das satisfações acessíveis. Esse desejo "puro" nutre então um gozo narcísico que vai até os confins do masoquismo e da austeridade.

Este capítulo, "O desconhecido na idealização do desejo" destaca, portanto, as formas maiores: a paixão, e suas organizações delirantes (delírio passional, erotomania, ciúme e paranóia) onde o desconhecido está bloqueado, e as exaltações místicas. E no plano social a morte colocada em ação, para si e para outrem, coletivamente, é um objetivo que acompanha as diretivas de um mentor, com as conseqüências das projeções sobre um bode expiatório, e a freqüência da delação e das traições.

A tragédia de Antígona, na qual Lacan via efetivamente uma exacerbação do "desejo puro", é em seguida proposta à reflexão em função da revolta atingida na confrontação entre o incesto realizado, o interdito e os poderes dos deuses enquanto representações do Pai idealizado.

Outro ponto limite de ruptura, o suicídio, como desejo puro, deve ser pensado não só como uma decisão individual mas também em suas implicações coletivas (trate-se de Sócrates ou de Empédocles, dos mártires, ou de certos surrealistas).

Diante desse frenesi do desejo puro, a questão que diz respeito em primeiro lugar à psicanálise é antes a capacidade de *pensar a morte*. Com efeito, o desejo do psicanalista não pode ser um desejo "puro". Esta necessária elaboração do pensamento da morte, com os anseios destruidores e os lutos a serem evidenciados, articula-se com as fantasias de castração, em reciprocidade, para extrair uma *finitude* onde as restrições vindas da lei, mas também da realidade, dão entretanto ocasião a esta e ao desconhecido passível de ser conhecido.

Ora, todo o trabalho no tratamento analítico consiste em pôr à prova uma fixação a um saber arredio a transformações e a descobertas. As diversas articulações dos significantes que se manifestam na fala revelam assim o desconhecido enquanto passível de ser conhecido, distinguindo-se de um desconhecido impossível de ser conhecido, intransponível. E os avatares do desejo devem ser acompanhados no cerne mesmo dos ideais, em seus cinco campos, onde o desconhecido é a cada vez assumido por um objeto de perspectiva que lhes é específico. E essa iniciativa que leva em conta diferentes tipos de sublimações não exclui de modo algum uma busca apofática *racional* no alcance total do desejo.

De modo que a ética do psicanalista não pode deixar-se fascinar por qualquer desejo puro, mas antes acolher os ideais, inclusive os seus, até mesmo numa avaliação crítica pessoal, onde o desejo, em seu teor de sentido, assuma o desconhecido em suas descobertas.

• Enfim, num último capítulo, é tratada a transposição do desejo em dois sentidos opostos onde se revela a relação fundamental entre a lei e o desejo.

Na primeira vertente, o desejo é transposto pelos interditos, desde os mais absolutos, do incesto e do parricídio, até os efeitos morais do Supereu, variáveis com as sociedades e os indivíduos e suas emulações masoquistas.

Na segunda vertente, é o desejo que transpõe essas barreiras por diferentes processos, seja no conflito e nas manifestações dos sintomas, seja nas fantasias, ou ao sofrer transposições com os ideais e as sublimações. O amor, Eros, ou ainda uma espiritualidade racional apofática perpetuam esse impulso do desejo rumo ao desconhecido.

Encontraremos assim nas páginas seguintes, na rede tramada por estes capítulos e sua trajetória, as balizas úteis para fazer emergir e para acompanhar o alcance do desejo.

O desejo está seguramente no cerne da pesquisa psicanalítica, nos conflitos entre suas diversas orientações, com os recalques e as defesas resultantes, com as transposições, as sublimações e os ideais que se revelam. O alcance do desejo é de fato a própria psicanálise.

I

DESEJAR OU/ONDE SONHAR

O sentido do sonho não deve fazer com que esqueçamos o que poderia ser chamado de sua natureza anfíbia: oriundo das águas do sono, seu meio, ele toma forma pela imagem no relato captado pela linguagem. Isto seria de pouco interesse se não fosse *oportuno* seguir os desvios do desejo sustentado pela tensão narcísica, entre o *desejo de dormir* e *qualquer outro desejo* — principalmente sexual, em sua "realização" — cada um favorecido, ou modificado, pela atividade onírica.

O sono ligado ao desejo

Esse desejo de dormir ao qual se dobra o sonho pôde ser entendido na época em que Freud introduzia o narcisismo (1914) como a via mais direta para um estado, normal, e freqüente, de total narcisismo, pelo retraimento completo dos investimentos objetais: *noite do desejo*, sonharemos, de maneira relativamente equívoca. Freud dá-se conta da complexidade da questão; *O complemento metapsicológico à teoria do sonho* (1915) vem rapidamente assinalar o papel do ambiente dos objetos usuais, tais como aqueles, prolongamentos do corpo e adereços postiços, que são retirados ao deitar-se. Este desnudamento, que prepara um lugar matricial onde o corpo volta, para seu repouso, a uma silhueta fetal, prepara também as marcas e as amarras do retorno à consciência. Balint explica (cf. *A falha básica*) que esses detalhes que presidem ao adormecimento preservam talvez a imagem de uma paz ideal, por um despojamento simplificador, mas também a ligação aos desejos da vida, em paradas escolhidas, ao alcance da mão, objetos simbólicos e últimos, e o ser junto ao qual é bom dormir, para uma primeira retomada dos *sentidos* no despertar. Pois este é evidentemente visado pela segurança que confia na diferença entre o sono e a morte.

Essa emergência, em que se abrem os invólucros que podem passar por maternos, reencontra, dispostos, os ímãs, ali re-pousados, da vida. O obsessivo sabe bem disso, tomado que está por sua paixão, toda sexual, da morte, assim como por sua fixação à impossibilidade do desejo; seus rituais vesperais, ou do levantar, suas preces, fazem dessas transições minuciosos *inventários* que reencontram e inventam as cadeias, remanejadas, sobrecarregadas, dos gestos e dos objetos.

O narcisismo do sono é seguramente secundário, e construído (Freud indica essa perspectiva ao voltar à questão, em 1917, em suas *Conferências introdutórias à psicanálise*) sobre um retraimento libidinal, *logo* secundário, embora persiga um *objetivo fantasístico ideal*: a redução das tensões, a unidade assegurada no isolamento, um nirvana, jamais atingidos. Pois o sono é não apenas sustentado por esse ambiente, esse lugar que o acomoda, como envoltura (de uma cama "envolta"), pelo projeto do despertar, mas é igualmente atravessado pela vigilância do sonho, sua censura e seus travestimentos, seus restos diurnos, suas moções inconscientes, como o forro de uma consciência em *vigília*. O narcisismo expõe assim nitidamente sua estrutura numa confrontação do Eu com um ideal de poder absoluto (um Eu ideal exigindo um sono perfeito, ou absoluto) numa impossível coalescência que aboliria o sujeito (o Eu): seja por uma confusão tanto desejada quanto ameaçadora, seja porque uma distância em relação com o Outro (e o Ideal do Eu) mina o enfrentamento especular em que se sustenta o Eu na dita estrutura. O sonho se divide entre estes dois limites: desejo de dormir e desejo outro que se afigura. Essa tensão pode manter-se em estado de vigília no onirismo e no surto delirante.

Acontece que o único desejo verdadeiramente realizado é o de dormir. Se adotarmos este ponto de vista, aceitável por redução, a conseqüência lógica será conceber a abolição, entretanto impossível, do desejo naquele que dorme. É provavelmente o que o melancólico calcula e o que determina suas perturbações do sono: a perfeita realização do desejo, levando à morte do próprio desejo, vem reforçar o que ele presumia de seu malfazejo poder absoluto. Seus anseios de morte referentes a um objeto amado, ao se realizarem em algum ponto estreito, deslocado, e secreto, da relação objetal, são reforçados pelo conflito intrapsíquico, narcísico, e confirmados por esse poder destruidor do sono para com o desejo realizado. Temos então o círculo vicioso: entre o anseio de morte voltado para o exterior e a morte do desejo, um escorando o outro. Mas na verdade, normalmente, essa aliança entre o sonho e o sono é muito mais "maliciosa": tudo se passa como se a censura não se deixasse enganar por esse ideal narcísico de sono absoluto; ela pode deixar escapar a exigência dos desejos, com o que se efetua a *projeção* do sonho e a fascinação *alucinatória* por ele exercida, para manter distância suficiente em relação a essa abolição onde mergulha o desejo a fim de permitir novamente um sono mais profundo. Esse equilíbrio supõe portanto um controle permanente, mesmo fora da "fase paradoxal".

O fascínio

Mas o sonho oferece um outro caráter sobre o qual convém nos determos. A realização alucinatória do desejo pode acontecer diferentemente conforme a importância do *fascínio* que a acompanha. Não se trata aqui apenas da liberdade do desenrolar onírico até um certo *fim*, razoavelmente bem-sucedido; nem da crença que interrompe toda crítica, o fascínio sendo também um retraimento sensorial, e ilustrado pela imagem dos *olhos fechados* do adormecido.[1] Atinge-se aí, sobretudo, uma satisfação sem limite, de uma *beatitude*, que decorre no entanto necessariamente da referência inconsciente a uma *falta*: a do mundo exterior, ligada às percepções e adquirindo valor simbólico de toda falta, desde que seja *compensada* pela encenação do desejo. Nesse roteiro, em sua mais perfeita figuração e preenchimento, deve virtualmente subsistir uma consideração da falta; sem isso, a dinâmica do sonho, sua força de propulsão mental rumo ao melhor dos desenlaces, não teria sua razão de ser e não poderia atingir sua perfeita completude alucinatória. A correção dessa falta governa a vertigem: o desejo arrasta o sonhador pelos meandros dos prazeres, tendo por centro, embaixo, o fundo de uma jubilação própria ao sonho. Esta é incontestavelmente revelável, e importa evidenciá-la no que tem de plenitude inefável e de absoluto. Mas a que outro conteúdo manifesto associa-se essa tonalidade particular? Trata-se freqüentemente de roubar, nadar, ou rir; às vezes, eletivamente, no mesmo sonhador. Conhecemos seu simbolismo. Mas a estes sonhos *censurados*, onde o gozo está entretanto tão claramente indicado, faltam a disposição do conteúdo latente, e, em regra geral, a representação de uma volúpia corporal genital (embora esta se produza no corpo sem correspondência onírica). Seria, pois, interessante considerar as formas e as condições do sonho que mais se aproximam desse gozo total. A censura deveria então ser reduzida ao mínimo para tratar uma ação (no sentido de um romance) mais próxima o possível do conteúdo latente; é preciso também que essa ação cause o prazer: pode ser um ato perverso preciso, necessário à economia libidinal do sujeito; mas com muito mais freqüência trata-se de uma *relação heterossexual* com um(a) parceiro(a) desejável. Aqui ainda é oportuno constatar como a censura pode intervir para moldar o próprio conteúdo manifesto: o acasalamento sofre entraves; o interditor edipiano, do mesmo sexo que o sonhador, aparece no horizonte ou se interpõe; o ato é atrapalhado por roupas, uma distância, uma particularidade anatômica fantástica, uma recusa.

O sonho de incesto, aquele de que fala Jocasta, sem nenhum disfarce, e que Freud considera por isso raro, embora possa ser seguido de um prazer genital real, pode até estar truncado em sua figuração de uma conclusão ideal pela evitação constituída por uma ejaculação precoce.

Mesmo nessas representações diretas persistiriam portanto alguns elementos que nos fazem perceber um conteúdo latente, jamais eliminado completamente.

Na medida em que tentamos abarcar como *fascínio* do sonho entram em combinação, em proposições variáveis a cada vez, a tonalidade psíquica de uma extrema volúpia (até "supra-sensual"), esta força singular de fascinação na coalescência entre a figuração de um desejo, inconcebível em aparência embora secretamente buscado, e a efusão genital, real, corporal — a ejaculação no homem, o orgasmo na mulher (e às vezes até vaginal naquela que se declara frígida) —, encontro que dá ao fascínio toda sua força. Mas essa convergência é quase sempre apenas assintótica, *girando em torno* de um ponto central de *gozo*, baseado na volta garantida da falta, seja ao desaparecer no limite do sono reencontrado, ou do despertar atingido, como fascínio (tornando-se *transporte*, enlevo). A não ser ainda que a ejaculação, numa inversão masoquista, venha acompanhada de representações penosas. Mas pelo único fato de que o sonho pode corrigir a razão, que pode atingir o que é ansiado, ainda que, substituindo mais facilmente aquilo que recusamos imaginar acordados, que reprimimos ou recalcamos, abandone as imagens que gostamos de captar e de nos outorgar livremente num devaneio, e erija-se, como garantia, contra uma frieza, imposta ou perseguida, um adelgaçamento, uma fadiga da imaginação e dos sentidos. No sono refazem-se as forças vivas da sensualidade; a carne concentra-se em si mesma; o fascínio, tal como é aqui entendido, torna-se a baliza de uma fonte fálica, na mulher igualmente, conforme os avatares do desejo que suporta o sonho.

E o pesadelo poderia ser compreendido em função de um modo particular de afloramento desse desejo. Se a censura for impotente, seja em disfarçar este na distância a separar conteúdo manifesto e conteúdo latente, seja na limitação do roteiro manifesto, *o pesadelo organiza-se como derradeira colmatagem, graças à inversão do fascínio.*

Pode-se notar uma correspondência: o sonho voluptuoso, orgástico, conduz, como o pesadelo, ao despertar; tudo se passa portanto como se o despertar fosse em si mesmo o desfecho do desejo e *como se o pesadelo vindo em lugar de um sonho não censurado capaz de mobilizar um prazer onírico, fundamental e bruto,* mais exatamente *ligado ao sonho de incesto,* se impusesse a fuga de um fascínio ainda mais insustentável já que diretamente proposto, tão mortífero quanto inacessível.

O objeto produzido

Ora, o sonho só volta como lembrança numa certa ambigüidade. Ainda que possa ser esquecido, ou surja sem razão aparente, ele remete sempre ao tempo anterior do sono para cuja margem da consciência é trazido de volta como um objeto enigmático, destroço ou tesouro. *Foi* produzido, e incontestavelmente prolonga-se desde a noite, ou um momento de repouso, claramente identificável, até os múltiplos relatos que sustenta. Desde sempre, antes da psicanálise, e para aqueles que hoje pouco se importam com ela, o sonho exerce uma atração que se manifesta pela vontade de falar dele. Assim que começa a reunir os primeiros pedaços, o sonhador interroga-se; sente-se interpelado por aquela estranha e caprichosa aparição; pressente um sentido e esforça-se às vezes para entender sua instância de acordo com suas aspirações e preocupações, para disso esperar até uma orientação premonitória qualquer. Por mais confusa que seja, essa apreensão demonstra que o sonho é recebido como um *objeto-produzido*: "pro-duzido" segundo um trajeto que deve manter-se sempre à frente, e numa retidão que supõe um recrutamento de forças, desenhando-se e concretizando-se pelo relato. Objeto entretanto, corre o risco de perder-se no esquecimento, ou na espera equívoca de uma interpretação impossível. O sonho quer que falem dele, a "si-mesmo" antes de mais nada, para uma primeira avaliação; *tende a ser contado a alguém.* Não é apenas a tendência a alcançar um sentido que, na verdade, tem melhores chances de ser atingido ao confiar-se a um ouvido estranho. Também a função enigmática do sonho pesa nessa necessidade de dizer para obter compartilhando esse desfecho improvável a solução que cimenta um acordo, *justamente* porque nenhuma interpretação é concebível;

ou melhor não teria ela senão que continuar hipotética, ou frágil, ou mesmo inútil: simplesmente em suspenso. O que é preciso sobretudo salientar é a referência ao fascínio: pois ela constrói um jogo de sedução onde ao fascínio passado do sonhador, experimentado, contado, não sem maravilhamento ou mesmo gloríola, deve corresponder um prazer decorrente do exercício comum da interpretação. Ora, vê-se bem que o psicanalista acha-se aí numa posição singular. A interpretação do sonho foi a grande descoberta de Freud e a prova mais flagrante do inconsciente. Qual psicanalista não encontra em seu uso uma satisfação, ainda que seja latente? E quem conta sabe disso muito bem. O objeto-produzido ganha em decorrência certas valências que devem ser detectadas na relação.

A *produção* situa-se antes de tudo numa perspectiva anal. A oposição de tudo ou nada, de extrema valorização ou anulação, o sonho como dom, ou abolindo-se num mínimo de interesse (é apenas um sonho), tudo concorre para dela *fazer* o objeto privilegiado da psicanálise ou, ao inverso, para alguns, uma complacência fora de uso. Entretanto, nessa oposição destacam-se os traços do *objeto de perspectiva* cujos vínculos anais devem ser ressaltados: assim, o *real* pode *apenas* furtar-se, como inelutável pano de fundo sem medida.

Mas a *produção* ordena-se também conforme implicações genitais. Três termos circunscrevem suas variações: o falo, o esperma, a criança. O sonho se apresentará, na medida em que aparece no interior da relação analítica, quer ocupe um lugar preponderante ou simplesmente episódico ou discreto, como uma função de teoria atribuída pela existência histórica de *A interpretação do sonho*, e por aí mesmo como *o representante de tudo o que pode derivar do tratamento.* Enquanto falo, ele recolhe essa potência do desejo, cuja ilustração afetiva é o fascínio do sonho, e cujos jogos significantes do processo primário liberam uma energia nascida da fissão das coerções racionais. Enquanto esperma, permanece nesse espaço intermediário onde, sendo emitido (contado), imobiliza-se num potencial de germinação, ainda não completada. Como criança, confunde-se com o resultado da relação analítica onde a interpretação evoca o imaginário da fecundação. Em outros termos, o sonho é aquele intermediário que representa, contado no tratamento, ao longo das sessões, o *objeto-produzido.* Isso quer dizer que todo objeto que esteve na continuidade do corpo, que dele emana, dele se afasta, assumindo caracteres originais em razão dessa separação (um valor, por exemplo), encontra-se *prefigurado* pelo sonho (abstração feita de seu conteúdo). O objeto-produzido terá portanto os caracteres gerais precitados (anal, fálico, fecundador, ou de desfecho que é a criança), numa separação de qualidades, distintas do organismo produtor, sem que haja a possibilidade de reintegrar este ou de confundir-se de novo com ele. Os objetos-produzidos, cuja autonomia é preservada tanto em relação ao organismo produtor quanto em relação ao Outro e que, repetimos, casam os traços precedentemente descritos, quer se trate do caso particular do objeto transicional, do objeto estético, ou do fetiche, têm em comum centrar a oscilação metafórico-metonímica que o sujeito ordena *a partir* deles.

Pode-se assim entender melhor a função do objeto-produzido no tratamento: sua função é de *esboçar a passagem de ser a ter o falo* na ordem da castração. E isto só é possível com a condição de atingir e circunscrever previamente o *objeto de perspectiva*, em sua dialética anal (que é fundamental, no sentido forte do termo). O objeto-produzido sustenta, pois, igualmente, a tentativa de aparecer como objeto de perspectiva; serve para revelá-lo. Pode concretizar-se em qualquer objeto que *intervenha* entre o analisando e o psicanalista. E o que nos esforçamos em evidenciar resume-se na possibilidade de encontrar no sonho essa função, ao menos transitória, de objeto-produzido, que é principalmente de linguagem, logo diretamente submetido ao jogo metafórico-metonímico. No mesmo sentido, o "umbigo do sonho" indica o ângulo de fuga de uma significação sempre por demais proliferante para ser fixada, objeto manifesto de perspectiva, e em relação ao qual deve desenhar-se o sentido do sonho, como sobre uma tela.

Estes três aspectos que mereciam ser destacados, o sono ligado ao desejo, o fascínio próprio ao sonho, o caráter de objeto-produzido deste, constituem um tripé da dinâmica onírica, paralela ao sentido que se liga à realização do desejo. Seria oportuno aproximar essas direções para descobrir uma articulação que nada seria senão a fantasística *relativa ao próprio sonho.*

Assim, entre a impossível abolição do desejo, mesmo durante o sono mais profundo onde subsiste uma certa vigília, a morte colocada em questão; a afirmação de uma potência libidinal cuja testemunha aqui indicamos com o fascínio; e o sonho como objeto-produzido que inicia a defasagem quanto a uma relação dual, objeto intermediário (transicional) onde se institui uma relação simbólica — todo um jogo combinatório pode ser descrito. O que foi feito amplamente pelos autores que se interessaram pelo sonho. Os termos de baliza de referência são a mãe, a morte, o retorno ao seio materno, a relação sexual e a cena primitiva, o falo (mais raramente invocado), o nascimento e a separação. Esse sistema serve de suporte à representação dos desejos segundo determinadas constelações. Entre estas, seria interessante destacar as formas onde o sonho e sua dinâmica encontram-se eles próprios figurados por um efeito especioso da censura, de tipo especular. Conhecemos o sonho no sonho onde uma dúvida é introduzida para afastar a realidade de lembranças e desejos afirmados na inclusão onírica e para permitir àqueles que em seguida se elaboram, no comentário, recusar os precedentes.

Mas a forma narcísica mais marcada é a do pesadelo. Ela supõe várias condições: que a censura *não se exerça sobre o conteúdo* do sonho; no cerne do pesadelo jaz portanto uma figuração antes de tudo maciçamente edipiana; isso só é possível por uma especial tolerância (ou fraqueza) da censura. Portanto, as exigências persecutórias do *Supereu* (que Freud sem ainda empregar a palavra indica em *Para introduzir o narcisismo*) entram em ação e fixam-se numa "autopercepção da dinâmica do sono e da vigília". Essa auto-observação é devida a uma "rebelião" contra toda instância de censura, com um retraimento, nos diz Freud, da libido homossexual do Ideal do Eu. A exacerbação da autocrítica é reforçada pela dita libido homossexual transferida para o Supereu. Em lugar do conteúdo sem travestimento manifesta-se uma redobra *narcísica* em relação aos objetos exteriores representáveis e ligados aos desejos. Logo, permanecem em jogo apenas o conflito, a dinâmica descrita mais acima, conforme o que o sonho teria que combater ou promover, e que o Supereu desarma: o sono como morte dos desejos, o fascínio transformado em horror diante de um Supereu tanto recusado como reduzido a uma meticulosa observação endopsíquica; o objeto-produzido trazido estritamente à própria operação do despertar, isto é, à irrupção do adormecido fora de sua obscuridade e silêncio, e para o qual o mínimo ruído, a mínima luz rompendo a calma do quarto são apelos utilizados numa derradeira representação onírica que resume a expressão terminal como um *nascimento*. Tudo se concentra nessa luta contra o sono (correspondendo verdadeiramente ao "fenômeno funcional" descrito por H. Silberer) e refere-se ao conflito narcísico por excelência visando a abolição das imagens diretas do objeto numa ilusória erradicação exasperada do desejo.

A problemática do pesadelo é de fato a de uma falência da censura relacionada com um fascínio alcançado rápido demais e contra o qual reage um Supereu perseguidor. Não é mais o sonho que é *objeto-produzido para alguém, mas o próprio sonhador, surgindo do sono.*[2]

As relações entre o desejo e o sonho colocam-se agora de modo crucial se observarmos que cada um pode exceder o outro conforme o ponto de vista adotado, e ditado por uma concepção da existência subjacente.

• Desejar ou sonhar: a *conjunção* estabelece aqui uma equivalência. Longe de ser uma atividade cerebral sem importância, o sonho aparece como a melhor indicação do estado dos desejos. Melhor ainda, nutre-lhes a *fonte* no sentido de uma primeira, segura, embora freqüentemente imprecisa apreensão da potência e objetivos deles. Com o que pudemos nomear o *fascínio,* um índice conhecido de todos é reencontrado para detectar o horizonte do *gozo*. Assim, é o sonho que dele faz paradoxalmente uma espécie de representação "concreta", da qual todas as imagens são nada menos que aquelas de nossos ideais em suas formas originais. O surrealismo teve o mérito de ter utilizado esse *veio*, para afastar as coerções próprias a soterrarem tudo o que conduz, conforme o princípio de prazer, ao fascínio[3] *da vida*. O narcisismo do sonho lembra que não é inteiramente impossível a transposição de uma distância — ou a transgressão — que o desejo aponta.

• Mas o sonho não pode tornar-se um refúgio para favorecer apenas a vertente defensiva, negativa, do narcisismo. Nessa fonte assim explorada, o veio tornando-se filão, a busca de uma exaltação onírica reduz-se à nostalgia de tempos passados. Constataremos também, ao longo de uma análise principalmente, que uma complacência para com a estética do sonho favorece a organização do que Freud chamou de os "sonhos de cima" (*Carta a Maxime Leroy: sobre um sonho de Descartes*, 1929): eles são solidamente construídos pela elaboração secundária, utilizam apenas certos elementos "profundos" (isto é, em ligação com o conteúdo latente), assumem forma "abstrata, poética ou simbólica", são interpretados parcialmente pelo próprio sujeito, mas sempre conforme seus interesses e projetos mais conscientes ("de cima", em oposição às camadas "inferiores" do inconsciente). É verdade que muitas interpretações e especulações surrealistas são desse gênero e não deixam muito falar as associações livres que abrem para o inconsciente.

Se o sonho molda perfeitamente o desejo, este excede o sonho e leva mais longe, aos confins das exigências da realidade, às vezes para transformá-la, esses primeiros germes figurados nascidos do sono.

Podemos ver então a disjunção, a alternativa ou a exclusão, no título: desejar ou [*ou*] sonhar.

Mas com o acento, *desejar onde* [*ou*] *sonhar*, está sendo ressaltado o próprio ponto em que se insere e depois se evade o desejo, na contingência do corpo[4] e na expansão de seu prazer onde se enraíza a relação com o corpo do outro, ao lugar preciso onde se lê o desejo: o *falo*. E o sonho, objeto-produzido, constrói-se em torno desse significante, e de suas metamorfoses. O falo não deixa o desejo perder-se nas meras fantasmagorias; liga-se às realizações do amor, do Eros, em seus múltiplos vínculos com o significante, coercitivo por sua lei, irredutível e no entanto movente: jogos com os quais o corpo começa a se emocionar.

II

A DUPLA POTENCIALIDADE DO INCONSCIENTE*

O inconsciente possui uma dupla potencialidade como potência virtual podendo atualizar-se, evocando a pulsão, ou a força, orientada, seguindo uma duração e numa sucessão, efetivamente aquela do pensamento, com uma intencionalidade que visa atingir o prazer e fugir do sofrimento. Esta potencialidade é dupla porque é a um só tempo *negativa*, quando leva a um apagamento, um recalque do desejo e de seus substratos significantes, em lugar do que vem um *não-sentido*, e *positiva* porque mantém uma reserva e um alcance de *sentido* que move a atividade mental.

A descoberta psicanalítica, no caso do inconsciente, cabe nessa tensão entre estas duas potencialidades *em função do sentido*. Deve-se dizer que a dinâmica do pensamento, da inteligência, ganha ao ser compreendida, desde Freud, levando em conta sua organização significante considerada em relações que constituem os diferentes tipos de comunicação. As articulações entre consciente, pré-consciente e inconsciente são aquelas mesmas que ordenam as relações entre os significantes, verdadeiras balizas, assim como elementos indispensáveis do pensamento e da fala. Esta perspectiva implica o desenvolvimento específico de uma lingüística própria à psicanálise, tal como surgiu na França após Lacan, onde, paralelamente aos significantes digitais, lingüísticos, destacam-se significantes analógicos, de demarcação.[1] Pois os fatos estudados pela psicanálise, as particularidades da *enunciação*, o idioleto pessoal, as falhas do pensamento e a psico-

---

* Este texto foi apresentado no VIII Fórum Internacional de Psicanálise (10-14 de outubro de 1989) no Rio de Janeiro.

patologia destas, superam amplamente as regras de uma lingüística e uma semântica normativas por definição.

Deve-se ressaltar que todo ato humano[2] e toda fala, todo pensamento e toda comunicação só se estabelecem no *sentido pela articulação, até virtual, de um significante com outro significante.*

Potencialidade negativa: o não-sentido

O inconsciente é antes de tudo balizável por uma falta. Sua forma exemplar é o *esquecimento*. Este pode decepcionar uma espera, uma palavra que não sai, de modo extemporâneo. Acontece também de passar despercebido: as lembranças então, mesmo as mais antigas, uma vez reencontradas, ou a carência na realização de um projeto mostram a posteriori a ausência primeira.

Outra manifestação do inconsciente é a *expressão* incompreensível *de um não-sentido*: ela produz o lapso, ou o ato falho, o sonho ou o sintoma, seja ele mental ou psicossomático.

Retrospectivamente uma outra falta pode revelar-se "no uso" verbal: é a de uma *fixação* sobre uma palavra, um encadeamento estereotipado, uma interpretação imutável. A carência de associação livre antes de mais nada revela esse bloqueio: sua *repetição* é o aspecto manifesto que recai sobre uma mesma explicação sempre retomada, seja para apresentar um mesmo mal-estar, um mesmo sofrimento neurótico, seja para parecer não fazer disso senão um disfuncionamento corporal, biológico, médico, seja ainda para conceber apenas uma única interpretação psicanalítica, aquela que permite manter recalcada outra menos aceitável. Percebe-se assim uma função do *pré-consciente* que é de receber na consciência certos elementos que fazem com que as cadeias significantes, as conexões que os sustentam e que poderiam revelar-se permaneçam recalcadas.

A potência do negativo que move o inconsciente nessas três manifestações diferentes resulta de funções distintas.

A mais importante diz respeito ao próprio exercício da *memória*: nunca será demais insistir nas ligações entre a memória e o inconsciente. Há um "pôr em reserva": Freud afirmava que as lembranças tinham uma surpreendente perenidade. Nossa atividade psíquica tanto pode centrar-se num campo de reflexão e manter afastadas, por uma seletividade precisa, as aquisições memoriais heterogêneas, mas que continuam à sua disposição, logo numa latência pré-consciente, quanto pode, por esse mesmo trabalho, pegar nessa reserva para alimentar ensaios inventivos aptos a produzirem as descobertas. Ao inverso, a censura e os interditos patentes podem aumentar essa exclusão da memória que reforça o recalque neurótico.

Outra função diretora do pensamento evidenciada por Freud no recalque é a evitação do desprazer.[3] Serão afastadas as representações que estiverem ligadas a uma realidade penosa (e isso desde suas primeiras apreensões, já no início da vida), aos traumatismos, mas também aos interditos exprimidos pelos pais, fonte maior dos conflitos psíquicos libidinais e morais. De modo que o prazer imediato, sem espera, entra em oposição com um desprazer que é previsível. O inconsciente assegura portanto o desaparecimento de toda evocação pelas representações (de coisa), ou melhor, pelos significantes que constituem estas, tanto do desprazer quanto do prazer proibido. E se acrescentarmos a inversão no contrário (e sobre si) como mecanismo anterior ao recalque, o que é apagado já sofreu substituição ou deslocamento que afastam do prazer visado.

Esse trabalho do negativo, próprio ao inconsciente, tal como pode ser descrito em diferentes mecanismos mentais,[4] sustenta além disso o funcionamento normal do pensamento, permitindo diferir as satisfações imediatas em vista de um prazer superior oriundo de uma tarefa levada a contento, numa perspectiva de sublimação.

Mas sua deturpação e seu excesso neuróticos realizam por recalque um desaparecimento que só é assinalado pelo não-sentido (no máximo, com alucinação negativa). Os sintomas, que são quase sempre os rebentos substitutivos, têm em seu não-sentido uma descarga de prazer ele próprio de substituição e o peso desprazeroso do interdito, ligados especialmente na conversação histérica.

O *afeto* participa da operação em razão, deve-se frisar, de sua natureza particular: ele *é de dupla face*, podendo ocorrer como significante (analógico) e participar, em conseqüência, de uma comunicação, ou, ao contrário, colocar-se fora da significância, como excesso, explosão unicamente corporal, reação fisiológica. É esta última propriedade que se manifesta, principalmente com a *angústia*, em acordo com essa potencialidade negativante do inconsciente ao estabelecer o não-sentido pelo recalque de certos significantes.

Ao extremo, caberia designar uma destrutividade masoquista (que por simplificação seria atribuída à pulsão de morte) trabalhando para fazer desaparecer as lembranças, os significantes correspondentes visados pela intencionalidade e o desejo, eles próprios a serem destruídos. Disso resulta na neurose um excesso de não-sentido tanto para a histeria quanto para a neurose obsessiva, beirando o delírio, e aprisionando o sujeito em comportamentos tão imperiosos quanto extravagantes.

Ora, seria preciso distinguir a foraclusão própria à psicose que concerne ao inconsciente na medida em que o recalque original pelo qual se inscreve a distinção entre os estímulos aceitos e aqueles que são deixados de lado ou desprezados[5] forma a matriz das diferenças onde se estruturam os significantes. A foraclusão seria a falta desse negativo,[6] onde a carência de constituição de certos significantes (justamente foracluídos) cria um vazio que a metáfora delirante tende a preencher.

Mas convém destacar uma singularidade da potencialidade negativa trazida pelo inconsciente porque ela é inerente a essa fuga do sentido. O objetivo do recalque é fazer desaparecer não apenas as representações recusadas mas também a própria operação que se realiza. De modo que, para aquele que, animado por seu inconsciente, como aliás para o observador e o teórico, o êxito do efeito negativo acarreta seu próprio desaparecimento. Da "bela indiferença" até às explicações fixistas e banalizadas, quer se trate de uma referência médica simplista ou de uma redução à ação derivando de uma energia compreendida numa economia a desafiar qualquer cálculo preciso e sempre tributária de uma avaliação subjetiva, ou que se invoque ainda a *pulsão* que, separada de toda representação (e de todo significante), torna-se uma abstração remetendo aos envasamentos fisiológicos, o resultado é justamente fazer desaparecer o *sentido* de uma intencionalidade quanto ao desejo, o qual permanece unicamente apreensível por via dos significantes.

Percebe-se aqui um *desconhecido* que adquire função de bloqueio na medida em que encerra um desaparecimento e torna-se à revelia do sujeito uma explicação imutável, inclusive um preconceito, e que evita qualquer questionamento, fazendo assim o jogo da neurose.

A psicanálise mostrou que esse desconhecido, ora em pleno desconhecimento, ora recoberto por um sentido restrito ou falacioso, no sintoma, ou ainda recebido como tal para servir de parada, podia graças à associação livre, graças a uma fala do segredo para uma escuta outra, a do psicanalista, surgir como questão que introduz a novos sentidos.

Podemos assim dizer que a potencialidade negativa do inconsciente mantém uma *desperdição*, um engolimento do pensamento e do sentido. Isso não acontece sem uma "satisfação alucinatória do desejo" justamente na medida em que sua versão real fica em suspenso, não toma a via significante que sustenta a realidade, o segredo mantido assegurando tanto o desaparecimento do desprazer e da dor quanto a inversão consecutiva de *satisfazer-se de uma abolição*, por um abismamento no cerne de um negativo absoluto (atribuído à pulsão de morte). Como poder absoluto afirmado, fonte do masoquismo, a atração da recusa e da destruição mantém essa potencialidade negativa bem próxima de uma *derrelição* perpetuada até num gozo que permanece imaginário.

Potencialidade positiva: o sentido

Se envaziarmos o inconsciente de um "conteúdo", de uma dinâmica precisa, efetivamente descrita pela psicanálise com o processo primário em comparação com o secundário, se nos limitarmos a constatar que o inconsciente se apaga ao querermos apreendê-lo já que só pode sê-lo conscientemente, e se recusarmos essa potencialidade positiva que é um apelo de sentido a partir tanto de uma origem postulada (o recalque originário, as fantasias inconscientes) quanto das implicações impostas pela palavra, disso subsiste apenas uma referência apofática, podendo com razão ser taxada de misticismo.

Seguramente a relação analítica é de fala e sentido inseparável do inconsciente,[7] com a associação livre presa numa comunicação. A importância da linguagem para definir o inconsciente[8] resume-se na fórmula lacaniana: "O inconsciente é estruturado como uma linguagem", pelo fato de que elementos pertinentes organizam um e outro. Remeto, para maiores detalhes, a meu livro *Éléments de l'interprétation*.[9]

1. Estes elementos são os significantes. São de dois tipos. Os *significantes lingüísticos, digitais*, em número restrito e delimitado, articulam-se entre si para fazer o sentido verbal. A linguagem comporta uma *dupla articulação* específica: os fonemas compõem as palavras (segunda articulação), as quais se organizam em frases (primeira articulação). O sentido, o *significado*, é produzido pela *relação* entre pelo menos dois significantes. Os *significantes "de demarcação"*, *analógicos*, são os elementos constitutivos das *representações*, para compor as imagens mentais e suas exposições objetivas: são em número não limitado (ao inverso das convenções linguageiras) e dependem dos estímulos sensoriais, visuais, auditivos, tácteis, mas também enteroceptivos. Toda comunicação ocorre através desses dois tipos de significantes. E toda expressão, todo objeto, tomado num projeto, numa intenção de comunicar, *mesmo inconsciente*, logo também um *afeto* (que possui dupla polaridade), uma ação, um reflexo,

podem ter função de significante. É, pois, a relação com outro significante faltoso mas podendo ser inferido e evidenciado que terá efeito de sentido, de significado para constituir um *signo* com o significante dado, numa relação até unívoca e estável.

Entendemos que o inconsciente é um potencial positivo de significantes — o que chamamos correntemente de "conteúdos". Por isso, o recalque originário deve ser apresentado como um primeiro acesso aos *pares de oposição* que determinam os significantes, neste caso, primeiro entre a adesão e a rejeição, de onde decorrerão em seguida o bom e o mau, o dentro e o fora etc., fixados por significantes.

Freud havia claramente designado as representações de coisa como conteúdos do inconsciente,[10] e com a "representância da representação" destas, este "representante" que é o significante de demarcação.

A passagem entre inconsciente e consciente, que se faz segundo Freud pela "tradução"[11] das representações de coisa em representações de palavra, não é outra senão a conexão entre significantes de demarcação e significantes lingüísticos.

Há portanto um *potencial inicial* inconsciente feito dos significantes analógicos recalcados e de *fantasias originárias* inconscientes. Estes podem ser postulados porque respondem a constantes universais (cena originária, castração, sedução) que organizam *os desejos e os interditos*; são a encenação inconsciente desses significantes.

A esse potencial inicial junta-se aquele que é *pré-consciente*, nos pensamentos e nas falas, a partir dos quais, ao longo da associação livre e pela fala dirigida ao analista, elabora-se um sentido novo a construir-se sobre a história *única* e o *vivido* específico reencontrados do sujeito.

2. Ora, esse desenvolvimento depende de uma *dinâmica* do sentido pela qual os significantes entram em conexão: esse *potencial dinâmico* responde ao próprio *desejo*, desejo de pensar, procurar, saber, agir e viver.

Duas formas de organizações permitem as conexões entre significantes, entre seus dois tipos, tanto no processo primário quanto no secundário, isto é, e quero frisá-lo, *em todo pensamento, toda linguagem e toda comunicação.*

a) A *metonímia* constitui a *cadeia* linear dos significantes lingüísticos mas também a composição das representações pelos significantes de demarcação. É essencialmente o desenvolvimento de uma *coerência*, lógica (de implicação e causalidade temporal, diacrônica), sintática, espacial, de contigüidade, representativa ou referencial. A relação entre significante e significado — o que constitui o signo — é aqui estreita, por vezes até unívoca, conforme a precisão do dicionário. A *elipse* pertence com exclusividade à metonímia: à cadeia significante que dobra o desejo responde a falta-a-ser (Lacan) onde se manifesta essa elipse no desconhecido que está no horizonte do relato e da descrição, da fala coerente. Uma concentração de sentido acompanha o rigor de congruência. Essa exigência *racional* domina evidentemente as trocas entre interlocutores, a partir de um contexto, de lembranças e de um saber identificáveis, e funda também a comunidade num mundo cognitivo compartilhado.

A alteração neurótica da metonímia produz, pelo *deslocamento* e pelo apagamento aumentado dos significantes, uma acentuação da elipse metonímica que torna irreconhecível o desejo inconsciente, especialmente no sintoma *obsessivo.*

b) A *metáfora* apóia-se numa *ruptura* de sentido produzida por uma substituição de significantes a partir do que intervém uma polissemia que recolhe em si mesma o desconhecido e o sobrepuja através das múltiplas cadeias significantes evocadas *em rede.*

O simbólico está ligado ao exercício da metáfora como poder de desligamento para com as necessidades, os objetos e os signos (enquanto que no animal permanecem estreitamente unidos pelos sinais). Abre-se para o potencial prospectivo do significante. E o símbolo deve ser entendido como uma metáfora designada por suas ressonâncias comunitárias. A metáfora cria uma *condensação* de sentido cujo fiador neurótico é encontrado no sintoma *histérico.*

Além disso, a metonímia e a metáfora são os mecanismos dinâmicos que permitem as conexões intra- e extra-sistêmicas dos significantes. Isto é importante porque é graças a elas que são realizadas as comunicações entre inconsciente (significantes de demarcação, representações de coisa) e (pré-consciente)-consciente (significantes digitais, representações de palavra). Designaremos um *quadrilátero* onde estão figuradas as seis relações que permitem estas passagens e cujos pólos são: a metonímia digital (mD), a metáfora digital (MD), e seus dois correspondentes analógicos (mA) e (MA).

Logo, os elementos significantes e os mecanismos metafórico-metonímicos estruturam o inconsciente *como uma* linguagem.

3. Enfim a construção do sentido requer uma *tripla* relação sempre posta à prova entre a *linguagem* (os significantes digitais), as *representações* (os significantes analógicos) e o *referente.* Este último não pode e não deve ser eludido. As palavras e as representações (assim como as fantasias) não são as coisas. Freud insistia no "teste de

realidade": as primeiras, de fato, ao se elaborarem, permitem balizar a permanência do objeto, *sua realidade, mas também suas transformações*. Suportam, além disso, a descoberta das aspirações, dos projetos quanto ao que ainda não existe, quanto aos *desejos*. Além disso, esta tripla relação chega à barreira intransponível do real que continua finalmente sempre inacessível ao nosso pensamento enquanto *desconhecido impossível de ser conhecido*. A psicanálise trabalha para descobrir o teor inconsciente da relação com o referente, inclusive enquanto realidade *interior* recalcada, a dos conflitos e das fantasias, com os correspondentes mecanismos de defesa. O referente é um conjunto de balizas compreendendo os acontecimentos identificados, as ações, a fala passada e a *fala dada*, as identificações e os pontos de apoio da transferência e da contratransferência, em função dos quais se pode separar do erro, da ilusão e da mentira uma *verdade*, ainda que chamada a transformar-se.

A *perlaboração* é o caminho desse desvelamento do sentido implícito e inconsciente para juntar o material significante em sua dinâmica precedentemente indicada, com o que a interpretação não se reduz à sua exploração "selvagem".

A potencialidade positiva é portanto *prospectiva* do sentido. Ela derruba o gozo virtual incluído na fantasia inconsciente restrito à potencialidade negativa e dele libera o prazer de pensar sem excluir a realidade, até seus confins.

A tensão das potencialidades

Mas o exercício do sentido em sua direção positiva não pode ser concebido sem uma *experiência* da limitação. Exceto numa exigência paranóica, essa elaboração não pode acontecer sem resto. Para além do desconhecido possível de ser conhecido, desde que seja identificado num primeiro tempo, e que sua exploração seja localizada numa *relação de desconhecido polar*[12] prevendo um conhecimento diferido, desponta obrigatoriamente um *desconhecido impossível de ser conhecido*. Não podemos estancar o inconsciente nem o fundo negativo para as reservas da memória; e os mecanismos de defesa continuam sendo da maior utilidade para que enfrentemos as dificuldades e os sofrimentos da existência.

De modo que a tensão das potencialidades do inconsciente equilibra-se entre dois excessos: um sentido seguro demais, fechado às questões, obturando o desconhecido embora este participe de toda atividade mental, ou, ao inverso, uma dúvida permanente que coloca o desconhecido como outra forma de bloqueio.

É, pois, um movimento dialético quanto à experiência de um saber referente à realidade interna que dá acesso à passagem do inconsciente ao consciente. E a elaboração da *castração* é aqui inelutável, desde que fique evidente o que ela é fundamentalmente enquanto *fantasia*, isto é, uma ameaça de castração anatômica atribuída a uma autoridade de origem paterna, que provoca as condutas e as atitudes mentais de inibição patente e, inversamente, suas compensações. A apreensão da *finitude* daí decorrente ocorre apenas em relação à *morte*. A progressão de uma análise que encontra necessariamente a *sexualidade* e a *agressão* não pode deixar de confrontar a evolução destas com *a castração, a morte e a finitude em função do desconhecido*. Torna-se então possível extrair os ideais do eu retidos pela potencialidade negativa do inconsciente e encontrar o uso da potencialidade positiva pela qual um *objeto de perspectiva* recolhe o desconhecido do *desejo* para eficazes realizações.

III

A PULSÃO DE MORTE ENQUANTO MITO

Fica agora claro que três grandes mitos marcaram o desenvolvimento da obra freudiana, além da referência ao sacrifício edipiano: o primeiro, com *Totem e tabu* (1913), sendo o mito *pré-histórico* do assassinato do pai que revela a figura central do sacrifício, o segundo, com "Mais-além do princípio de prazer" (1920), organizado em um mito *biológico* que será aqui tratado, e o último, exposto em *Moisés e o monoteísmo* (1939), parecendo ser um mito propriamente *religioso*[1].

O termo mito é entendido a partir de um relato sobre a origem enquanto primeira e obscura constituição, e ao mesmo tempo um fim, em geral a própria morte — a experiência pessoal inacessível —, relato que propõe um saber que permite não apenas fazer desaparecer a instância do desconhecido, sem no entanto deixar de explorá-lo, mas que dá um sentido para futuros objetos, esperanças, aspirações ao *assumir as antinomias*. Desse modo, uma crença comum é sustentada por fantasias compartilhadas e convergindo no conteúdo mítico, criando por essa razão a própria potência de uma comunidade social. Todavia, essa crença exige um *sacrifício da razão* em resposta ao sacrífício fundador que está no cerne do mito em nossa civilização: essa correspondência e esse laço estabelecem a adesão em sua potência social. Essa aposta irracional, em que sempre está em questão a morte, para sobrepujá-la, fazê-la participar do projeto comum, ou encontrar-lhe uma saída, encontra, pois, sua força nas fantasias que trazem os desejos.

Além disso, um mito só está constituído quando a crença que implica é inseparável de uma moral ou de ideais suficientemente pregnantes para justificar sacrifícios, inclusive o da vida, que os indivíduos realizam por pertencerem à comunidade.

Logo, não se trata simplesmente de fábulas, lendas, romances ou ficções que são recebidos como produtos da imaginação, fonte de prazer, chegando é verdade até à fascinação, mas cuja invenção reconhecemos, e cujo poder deve-se a mitos culturais, sociais ou religiosos subjacentes, não resultando diretamente de um saber revelado ou de uma ciência adquirida.

Convém lembrar, entretanto, que os mitos organizados têm eles mesmos uma história, com aparição datável, embora se considerem imemoriais. Assim acontece com os grandes mitos religiosos, os do monoteísmo, nodais em nossa civilização, ou aqueles, mais recentes, que compõem os ideais econômicos e políticos. Temos assim que estar atentos a seu surgimento no mundo atual, à sua eclosão que pode abortar mas também pode se impor para nutrir ideais ativos hoje, assumindo a continuação daqueles que parecem caducos.

Assim sendo, uma construção que se oferece como explicação científica, antropológica, relacionada com as aquisições da biologia, da psicologia ou da história das religiões, deve enfrentar uma crítica cuja fragilidade pode ser mostrada. O fato de quererem salvar custe o que custar seu sentido, seja como ficção reveladora de uma problemática própria ao autor, seja pelo valor estético de uma obra que não cumpria seu objetivo, deixa entender que essa preocupação de nada colocar em questão, de nada ter a suprimir de um corpus, destina estes textos a uma transmissão sagrada pela qual vela uma reverência sustentada.

Mais-além dos mitos tradicionais

O aparecimento da pulsão de morte na teoria analítica tem por função primeira situar-se além dos mitos religiosos de nossa civilização. Devemos antes de tudo procurar nos ater a essa *necessidade* (essa *Anankè*) que faz da morte uma evolução, um desfecho *interno*, atribuível a causas internas. Disso resulta que, ao contrário dos "povos primitivos", uma morte natural é concebível, não produzida por um inimigo, um mau espírito, ou uma divindade tendo todo poder sobre a vida e a morte. Além disso, tal atitude mental faz com que aceitemos melhor o desaparecimento dos seres queridos e nosso próprio fim (Freud, "Mais-além do princípio de prazer", cap.VI).

A redução biológica

Colocar a pulsão de morte em oposição ou em intricação com a pulsão de vida decorre de uma exigência de encontrar um apoio, um fundamento numa ciência biológica.

Ora, os dois termos, pulsão e morte, podem depender apenas de uma redução em que os mecanismos psíquicos são apagados em favor de um saber, quem sabe de uma crença ancorada na biologia. É esta ilusão mítica que é aqui questionada.

E antes de mais nada a *pulsão*, postulada logicamente na origem de toda vida, em seu início, deve ser entendida como uma força, uma energia, vital ou sexual (originalmente, segundo J. Laplanche).[2] Uma vez que essa energia não pode ser medida, não se aplica a nenhum elemento isolável ou definível, não ativa um movimento balizável como para um metabolismo, com suas duas vertentes de anabolismo e de catabolismo, que só têm sentido numa sucessão, como a das transformações químicas precisas, e, graças a fatores eles mesmos químicos ou fisiológicos, é possível dizer que essa pulsão, salvo as representações e os significantes que devem sustentá-la, não passa, pois, de uma *abstração*.

Freud, porém, lança-se numa descrição energética muito geral, consoante três direções. A primeira consiste em afirmar que toda *tensão* é produtora de desprazer e deve por isso ser reduzida. Já se pode perceber aqui que a quantidade substitui a qualidade e a apreciação apenas psíquica que dela podemos fazer, para só considerar uma única saída, a diminuição, a correção da tensão. Mas não devemos também levar em conta um aumento de tensão geradora de prazer, esteja ela assegurada por uma satisfação futura, *sem a qual não haveria efetivamente esta satisfação*, e numa dinâmica em que a espera e o encaminhamento previsível rumo ao prazer entrem *em jogo*, ou ainda que ela possa ser dirigida para outras realizações em lugar desse objetivo preciso, logo numa *sublimação*, pela transformação dessa força sexual?

Freud devia reconhecê-lo pouco mais tarde, em 1924 em *O problema econômico do masoquismo*: "Existem tensões impregnadas de prazer e distensões desprazerosas."[3] Cita como exemplo de prazer com aumento de tensão justamente a excitação sexual, frisando que não é o único.

Nesse sentido, em que uma sutil estratégia do prazer e do espírito convive com o masoquismo primeiro e a violência primordial, uma redução da qualidade à quantidade — ao passo que caberia avaliar a quantidade como qualidade — não leva em conta a complexidade dos mecanismos psíquicos, nem um pouco redutíveis a uma energia biológica.

Do mesmo modo, segundo ponto, um equilíbrio mantido a certo nível, uma *homeostase* poderíamos dizer para voltarmos ao biológico, só tem valor se nos abstrairmos de tudo o que há de fascinante no *excesso*, na *superação* de nós mesmos.

Enfim, a redução total de tensão, que levaria à morte, definição banal desta, não passa de uma analogia de um Nirvana pertencente a um ideal de vida oriental.

Essa pulsão que tentamos entender como uma força que cresce ou diminui, que se mantém a um nível ótimo, permanece uma abstração se não pudermos colocá-la em relação com sua fonte, seu objeto, seu objetivo — em suma, com os significantes que constituem as representações ou as palavras.

Pensar assim a pulsão, como origem biológica de vida e de morte, como *fons et origo* de nosso pensamento e comportamento, como uma economia dominante, faz parte das ilusões de um mito vitalista.

Quanto à morte (aquela visada pela pulsão *de morte*), encontramos fatalmente as evidências do senso comum. Bichat, em suas *Pesquisas fisiológicas sobre a vida e a morte* publicadas em 1800, quando tinha vinte e nove anos, e dois anos antes de seu falecimento, partia de uma primeira constatação: "Procuramos em considerações abstratas a definição da vida; vamos encontrá-la, creio, nesta visão geral: *a vida é o conjunto das funções que resistem à morte*."[4] Foi uma definição amplamente criticada. Ademais, ao distinguir vida animal (respondendo a funções de relação e entendimento) de vida orgânica (estabelecida por assimilação e desassimilação, e à qual pertencem as paixões) Bichat é levado a explicar que, fora das mortes violentas e súbitas, a primeira se extingue antes da outra pelos excessos que lhe impomos; a vantagem disso seria que a degradação da mente faz perder o sentido do prazer de viver tanto quanto a dor de morrer. "A idéia de nossa hora suprema só é penosa porque termina nossa vida animal, porque faz cessar todas as funções que nos relacionam com o que nos cerca. É a privação destas funções que semeia o pavor e a angústia à beira de nosso túmulo" (p.112-3).

Podemos perceber as implicações desta definição da vida em função da morte descrita pela parada das funções respiratórias, cerebrais e cardíacas. Elas são antes de tudo aquelas do médico, já que colocam em primeiro plano a luta contra a doença, o sofrimento e a morte: todas as vitórias conquistadas sobre elas levam entretanto a um fim letal. É esta a experiência que marca profundamente a atividade médica em seu próprio projeto.

Partindo dessa reflexão, constataremos que Freud havia afirmado que "o objetivo de toda vida é a morte" ("Mais-além", p.82) e que sendo a pulsão "um impulso inerente ao organismo vivo para o restabelecimento de um estado anterior" (p.80), trata-se portanto de um retorno ao não-vivo que "lá estava antes do vivo" (p.82). Caberia adequar esta asserção: pois o objetivo não é o desfecho. Uma vontade, uma intenção vem aqui forçar a aceitação da morte e encontra uma paz na comparação com o não-vivo anterior. Um paralelo poderia talvez ser feito com o ser-para-a-morte, mas Heidegger propõe outra perspectiva que uma constatação biológica: a existência encontra uma abertura, um possível como possível, nesse reconhecimento do ser-para-a-morte.

Já se pode notar que toda abordagem da pulsão de morte remete à pulsão de vida, como seu negativo. Os trabalhos analíticos desde Freud desenvolveram esta oposição.[5]

Poderíamos assim precisar que a pulsão de morte realiza um desligamento, uma abolição da relação de objeto, o livre desencadeamento da sexualidade (para a qual caberia levar em conta uma condenação moral implícita, com a ameaça de morte, a do pecado mortal, ou ainda a respeito do orgasmo abusivamente qualificado de "pequena morte"), ou da violência, sem esquecer as conseqüências letais da inércia, da prudência e da inanição corporal ou mental, em suma os efeitos do Isso, os resultados da negação, do negativo. Ao inverso, a pulsão de vida sustentaria a ligação, a síntese, as relações de objetos e os investimentos correspondentes, as funções do Eu, as diferenciações, o processo secundário, a afirmação.[6]

Porém, a evolução da teoria analítica mostrou que nestas oposições o negativo pode ele mesmo ser *positivado*: vimos assim ser passo a passo descrito um narcisismo necessário ao desabrochar do indivíduo (um narcisismo "trófico" conforme o termo que propus); a identificação projetiva assumiu um lugar necessário no desenvolvimento cognitivo da criança, inclusive as psicoses (exceto a paranóia); as alucinações adquiriram valor numa perspectiva de regressão e etapas fecundas para um progresso. Da mesma forma, a pulsão de morte não passaria de um desvio em suas destruições a fim de concorrer para o desabrochar da pulsão de vida, o que lhe faria perder seu império nefasto e demoníaco.

Se nos ativéssemos apenas a uma oposição evidente em que a vida consiste em desenvolver-se, crescer, unir-se e multiplicar-se, e a morte em envelhecer, degradar-se, isolar-se, estaríamos voltando aos truísmos de sempre.

A lucidez freudiana lembra-nos que *a morte não é isso*, aquilo que um olhar médico, biológico, o de Bichat, observa numa constatação prosaica.

Mas o próprio Freud explora essa direção que afasta *o sentido que a morte pode tomar*.

Se essa pulsão de morte fosse outra coisa que o banal resultado do vivo, se tivesse uma ação especialmente autodestrutiva, majorada, esta deveria igualmente ser observada nos animais. Ora, encontramos nestes comportamentos sacrificais "altruístas" para proteger a vida do grupo (abelhas, formigas, e também peixes, vacas, pássaros, golfinhos). Mas a interpretação dada a isso postula a transmissão e a perpetuação do patrimônio genético: é pois um esforço programado da vida para além do indivíduo.[7]

Da mesma forma, certas destruições e os perecimentos coletivos explicam-se por um meio ambiente, competições territoriais com *expulsões* desfavoráveis: crescimento demográfico e fuga desordenada (caso dos lemingues), exclusões ao acasalamento, confinamentos dos animais selvagens, separação do dono para os animais domésticos, condições estressantes de vida, e mesmo experimentalmente (no rato, no cão, nos primatas) produção por frustração com perigo vital, por estimulações dolorosas ou por separações, de situações de "resignação aprendida" com deficiência e regressões graves, auto-mutilações, condutas temerárias ou atonia mortal. Mas, nesta última categoria, podemos dizer que as causas das destruições são *exteriores* e que o animal reage apenas de modo extremo a agressões que não pode vencer.

Os argumentos relativos às condutas altruístas e sacrificais dos animais, determinadas por seu programa genético, poderiam ser interpretados em favor de uma organização que trabalha pela sobrevivência da espécie.

Estamos, pois, com a pulsão de morte diante dessa exigência teórica de isolar um impulso para a morte fora de qualquer determinação externa, de qualquer razão vital capaz de suscitar um combate, um projeto, uma esperança, mesmo com o risco de sucumbir. Apenas restaria, portanto, um trabalho biológico levando à morte, *fora de todo sentido e de toda intenção*, nada além disso. É nesse ponto, sublinho, que o *negativo* conta essencialmente.

Freud continua a desenvolver esta orientação valorizando as especulações de Weismann, para quem as células germinais (o "plasma germinal") são "potencialmente imortais" ("Mais-além", p.91) ao passo que o soma morre. De modo que essa pulsão de morte caminha junto com as considerações sobre as pulsões sexuais que renovam e exaltam a vida em seu curso, para o indivíduo, e dão ao mesmo tempo acesso pela reprodução à *imortalidade*.

O mito biológico freudiano

Ora, devemos agora destacar duas correntes deste mito biológico: uma que exige uma crença em relação a argumentos discutíveis, indefensáveis até; outra que propõe um salto de adesão para com uma imortalidade.

As críticas feitas à pulsão de morte datam do tempo de Freud. Foi Reich quem se opôs com maior vigor a uma teoria que com efeito arruinava todo projeto de compreensão dos fatos clínicos e toda possibilidade de modificá-los pela análise e por uma busca e descobertas que de antemão se achavam fatalmente invalidadas.

Reich centrava seu ataque na questão do masoquismo, por certo capital neste assunto. Para ele, o masoquismo era sempre secundário, logo resultante de conflitos marcados pelos traumatismos da infância, no enfrentamento com o mundo externo. Acusava precisamente a incidência desastrosa das condições sociais, a repressão da sexualidade e do orgasmo. É evidente que estas visões tinham implicações políticas incompatíveis, para certo freudo-marxismo dos anos 30 na Alemanha, com a resignação e o pessimismo social ligados à aceitação da pulsão de morte. Num segundo tempo, a Escola de Frankfurt, em reação a Erich Fromm, a um excessivo otimismo teórico, e seguindo Adorno e Marcuse, devia admitir certo uso da pulsão de morte.[8]

Ao publicarem em 1932 na *Internationale Zeitschrift für Psychoanalyse* o capítulo de "Análise do caráter" sobre *o caráter masoquista*, Freud havia pedido que este texto de Reich fosse precedido de uma nota precisando que a refutação da pulsão de morte que ali se encontrava fora redigida por instigação do Partido Comunista.[9] Foi Siegfried Bernfeld quem se encarregou dos remanejamentos quanto aos motivos políticos e ideológicos.

Para Reich, a neurose resulta de um conflito entre o instinto, a libido, e o mundo externo, por medo de um castigo. O masoquismo seria portanto sempre secundário: longe de aspirar ao sofrimento, há busca de prazer, mas além disso intolerância para com as tensões psíquicas, tanto para o prazer como para o desprazer. O sofrimento obtido é menos intenso que aquele que é imaginado de um castigo esperado: é, por aí, um alívio. Há também uma acusação daquele que pune cruelmente. O apelo de amor resulta de uma decepção afetiva que produz angústia e tensão permanentes. Disso decorre uma procura, uma provocação e um despeito perpetuados para com as pessoas amadas. O medo de ser abandonado caminha junto de uma grande sensibilidade cutânea e um erotismo da pele. Mas o caráter dominante sublinhado por Reich é a intolerância a um aumento de excitação agradável, que causa uma inibição e uma angústia anais e uretrais. E o orgasmo é sentido como um perigo de "fundir", de se "dissolver", *igual a um desejo de morte*. Estas justas observações clínicas devem ser relacionadas com a suposta "pequena morte".

A posição de Reich, que recusa um masoquismo primário e a pulsão de morte, tem por mérito estar do lado de uma busca de conflitos e da dinâmica ativa numa relação com outrem, tendo suas eventualidades, mas fecunda desde que possa enfrentar um desconhecido. Podemos com efeito imaginar trabalhos feitos antigamente sobre a tuberculose ou a sífilis, hoje sobre a Aids ou o câncer, que se limitassem a fazer destas doenças o resultado invencível da pulsão de morte.

É entretanto perturbador ver que a convicção de Reich que não valorizava o desconhecido devia levar com efeito à "descoberta da energia de órgon no organismo e no cosmos" (p.254), energia "visível, mensurável e utilizável", energia cósmica e realidade física. Ele acabará por tentar captar essa força extravagante, os "bions" da atmosfera, para "dissolver tumores malignos". Ao contrário de Freud, seu poder terapêutico ultrapassa todo limite e crê dominar até o câncer. Vê-se portanto que a energia pulsional é, em suas visões teóricas, *projetada* no "biossistema", o peso sendo transferido para o cosmos, para o mundo externo. Essa mudança de perspectiva decorrente de uma rejeição da pulsão de morte que substitui irresistivelmente uma rejeição da própria morte situa-se portanto nos antípodas do pensamento freudiano: o mito aqui é *taumatúrgico* numa aberrante projeção energética.

A grande vantagem da teoria levantada por Freud é estabelecer um limite nas simplificações conceituais, nas elucubrações explicativas, nas reduções sistemáticas, até mesmo paranóicas. Através da morte, um lugar é designado ao desconhecido. Além disso, o otimismo "rousseauísta" de Reich — para quem o *mal* só acontece no homem por causa da sociedade e seus interditos e não aparece na origem, pelo menos como violência fundamental — deriva de uma tese insuficiente e superada.

Mas é preciso reconhecer que os três argumentos maiores, relativos à prática analítica, invocados por Freud para fundamentar sua tese, são especiosos. J. Guillaumin justamente assinalou que essa concepção era "pelo menos insuficiente, até mesmo impossível de ser aceita".[10]

1. É antes de tudo a constatação de uma *impotência terapêutica* em certos casos, e precisamente nos traumas de guerra. Ora, a experiência mostrou que as neuroses "atuais", as depressões e as mani-

festações histéricas que a eles se vinculam reagem de modo diversificado às psicoterapias e não justificam uma perspectiva pessimista absoluta.

2. As *reações terapêuticas negativas* colocavam um problema árduo que levava a invocar tanto a pulsão de morte quanto o automatismo de repetição. Era assim reconhecida uma barreira ao poder absoluto terapêutico. Mas a interrogação permanecia. Uma pesquisa psicanalítica devia daí nascer tanto numa observação nova dos mecanismos de defesa, do masoquismo, quanto da contratransferência, afastando assim o perigo de imobilismo fatalista que essa tomada de posição podia acarretar.

3. O *automatismo de repetição*, principalmente na relação *transferencial*, era o obstáculo. Freud deveria acentuar-lhe a vertente negativa. Entretanto, cabia não afastar totalmente a iniciativa construtiva da repetição mesmo em seu aspecto mais desfavorável. É novamente o sentido mais elaborado do masoquismo que permite liberar-se do pessimismo. Esse automatismo pode também ser entendido como um meio de sobrepujar experiências dolorosas sofridas anteriormente e majoradas pela fantasia. A repetição é então uma tentativa de aprendizado ou de brincadeira: é a criança com o pião, é também o relato e o espetáculo do sofrimento nas artes. Ela permite igualmente uma diferenciação temporal através do retorno do semelhante em que pelo menos um afastamento quantitativo se estabelece a cada vez, dando o sentimento de uma permanência e uma identidade no retorno do "mesmo" e do conhecido, do experimentado, ainda que de sofrimento. Há assim um esforço de regulação e construção, como se se tratasse de reencontrar, apesar de tudo, um tempo passado "positivo", protegendo de um desconhecido doloroso, *passado ou futuro*. Mas é *sobretudo* uma dominação mágica da *aflição*, da angústia ao ser-para-a-morte, que atende ao projeto de toda educação, em que se transmite uma civilização levando as pulsões brutas a formas sublimadas de prazer. De minha parte, ressaltaria este último mecanismo que se nutre no potencial masoquista. Ademais, aspiramos reproduzir os prazeres: tudo se passa, portanto, nessa deturpação, como se a repetição *por si só* bastasse para fazê-los voltar. E isso é perceptível nas substituições e nos desvios das perversões sexuais.

Entretanto, o automatismo de repetição, em sua forma mais negativa, designa constantemente uma falta que não se deve apenas ao recalque, e que sublinha por sua insistência o oco, a ausência, o vazio quanto a um significante.

Somos portanto levados, diante dessa orientação unívoca e pessimista que impôs a pulsão de morte, a reencontrar as fontes pessoais que na vida de Freud influenciaram dolorosamente o curso de seu pensamento, evidentemente sem ser a única determinação a invalidar a iniciativa teórica: foram assinalados os fatos que pesaram desde a primeira guerra e até o início dos anos 20.[11] Guillaumin cita-os em seu livro: são para Freud as mortes de seu meio-irmão Emmanuel, de sua filha Sophie, e mais tarde de seu neto Heinz, de von Freund, o suicídio de Tausk, as inquietudes a respeito de seus filhos na guerra, a diminuição da clientela, a dificuldade com certos tratamentos (o Homem dos Lobos), as primeiras discordâncias com Ferenczi, um certo isolamento científico, e os males da idade, uma suspeita de câncer já em 1917, constatado em 1923. Há portanto um pensamento invasor da morte nessa época e que se infiltra na teoria.

É preciso reconhecer junto com Guillaumin que, esse fundo da pulsão de morte tendo sido alcançado, Freud devia encontrar um benefício através de uma nova curiosidade que reestimulava sua pesquisa. O negativo era introduzido por essa falta em compreender no outro e em si, pela valorização dos mecanismos de defesa, da denegação, do desmentido, que deviam assumir na França, com a foraclusão além disso, grande importância teórica e clínica.

Mas a pulsão de morte, pela carga de crença que postula, se a considerarmos um conceito biológico, constitui um hiato irracional, tanto mais que seu fundamento clínico permanece ele mesmo discutível. É o aspecto negativo sobre o qual é construído o mito.

E é aqui que devemos dele aproximar o aspecto dinâmico que reside no recurso à imortalidade tal como é invocada por Freud, uma vez mais, já o vimos, como uma lei biológica pela qual a sexualidade assegura a imortalidade da espécie e de forma mais geral da vida. O mito da pulsão de morte desdobra-se para essa esperança.

Para Freud, uma posição científica e racional oferece-lhe o socorro desse mito que impõe aceitar uma morte interior, produzida pela própria vida, com um prolongamento de imortalidade acessível a todo ser humano pela sucessão de gerações, e para alguns graças a uma obra que pode ser transmitida e perpetuar uma civilização e seus ideais sem desaparecer no tempo.

As considerações de Freud em "Mais-além do princípio de prazer" sobre a imortalidade não são portanto adventícias, mas pertencem basicamente ao mito da pulsão de morte. Diante da prevalência da morte abre-se a perspectiva das gerações e da transmissão pelo livro. E talvez seja possível desvelar nessas aspirações pessoais do fundador da psicanálise uma fidelidade, através de um ateísmo indefectível, ao gênio do judaísmo que, em três mil anos de vicissitudes e esperança, perdurou, enquanto se extinguiam os impérios e suas glórias.

E não deve o sentido da circuncisão ritual ser entendido como um aviso inapagável a um só tempo da função vivificante do sexo para o indivíduo e de uma imortalidade postulada, servida pela marca carnal, nas gerações futuras?

Entendemos, por conseguinte, uma das faces da importância assumida pela *sexualidade* nesse mito freudiano do mesmo modo que na psicanálise, sua ciência e sua teoria que dão uma prevalência significante ao falo.

Cabe agora pôr em perspectiva os três mitos freudianos para compreender a progressão de pensamento que sustentam.

• O assassinato pré-histórico do pai oferece a vantagem de revelar o núcleo de todo sacrifício em seu valor social ao liberá-lo dos sistemas religiosos assim como das camuflagens e substituições que mantém: com efeito, no monoteísmo está fundamentalmente em questão e de modo bem aparente apenas o filho morto em lugar do pai. Pela projeção num passado longínquo, originário, a humanidade inteira, fora de qualquer particularidade cultural, está para sempre marcada com o selo desse assassinato. A *ilusão* aqui consiste em fabricar um mito "antropológico", pré-histórico, que só tem consistência no escrito freudiano, que poderia concorrer com os textos revelados das religiões e só ganhar força de crença a partir de Freud. De qualquer modo, o assassinato do pai permanece demonstrado e ancorado nas *fantasias* que vêm germinando desde a infância, realidade psíquica evidenciada pela psicanálise, sabendo que a partir delas se constroem os mitos, religiosos principalmente.

• Com o mito biológico da pulsão de morte, de que vimos as vantagens e os inconvenientes, a morte é extraída e mantida, uma vez mais, fora dos mitos religiosos, logo numa ótica positivista e atéia para só fixar o sacrifício ao da simples razão, na medida mesmo em que a argumentação que se julga "científica" mostra-se frágil e que há supressão do desconhecido, consumando ao mesmo tempo o sacrifício de um poder absoluto que se obstinaria em recusar a morte para o indivíduo — para sua alma imortal. Mas por uma inversão cuja importância vimos no campo do desejo, e segundo um modelo judaico, a morte, embora inelutável, toma um sentido sacrifical que dá sua força de crença numa imortalidade para as gerações futuras. Freud vinculava à transmissão da vida a de uma obra de audiência universal e imortal, para a qual o autor, por suas penas, pelos ataques sofridos até as raias da destruição, também no futuro, é colocado em posição de vítima.

• Mas no fim da vida, com *Moisés e o monoteísmo*, Freud volta, no interior do judaísmo, a um sacrifício *manifesto* e não mais virtual, o do *filho*, no caso o de Moisés, que teria sido egípcio e assassinado pelos judeus; logo, dessa vez, conforme o modelo cristão, com a única diferença de que não se trata de Deus, mas com o tratamento da culpa que a isso se liga, como de uma evolução do monoteísmo. Ora, a fraqueza de suas provas histórico-religiosas obrigaria a transpor seu texto, a fim de mantê-lo na ordem de uma *revelação*. Assim despontaria sua identificação com Moisés, já que era portador como este de uma mensagem "profética" com essa nova versão da Bíblia, em contradição com as crenças judias. Como Moisés, ao morrer, ele contempla apenas de longe a Terra Prometida: ela é, para ele, o reconhecimento, pelas gerações futuras, de seu pensamento, sua obra, suas descobertas que fizeram a psicanálise, podendo assim prolongar com essa "reforma" o judaísmo em sucessão.

O negativo: falta, irrepresentável, indizível: o desconhecido

É importante constatar que a pulsão de morte adquire paradoxalmente toda sua força teórica e mítica justamente na medida em que propõe um *excesso de sentido* (como observa J. Guillaumin, op. cit., p.217), logo como *objeto de perspectiva* que vem recobrir, dissimular, fazer desaparecer *o desconhecido*.

O negativo só pode se revelar ao longo de um laborioso caminhar, e através de uma pesquisa realmente psicanalítica.

Inicialmente a *aflição* da criança existe em relação ao desconhecido, no que lhe está faltando por um rigor inassimilável a suas necessidades apesar da solicitude e do amor maternos. Assim se impõe *o ser-para-a-morte* atendendo a essa aflição como desfecho inelutável. Contra o sofrimento põem-se progressivamente em ação o poder do masoquismo, a *culpa* e a redução das pulsões sexuais, a *castração*, atribuída ao pai como agente, simbolizada e decorrendo efetivamente de uma vontade que se opõe à criança e sobretudo que a separa da mãe. Entre o Pai idealizado e o Pai morto simbólico, o qual deixa aparecer o mestre absoluto que é a Morte, logo sob a marca desta, se desenvolve uma dialética que conduz da castração como ameaça e restrição correlativa à sua apreensão como fantasia, e à *finitude* humana, logo na elaboração das relações entre a castração, a morte, o mal e o desconhecido. O psicanalista deve poder suportar na transferência a sucessão das figuras resultantes (e como dizia Lacan, ser também aquele objeto "a" do desejo, ainda que ao se fixar nessa posição houvesse um deslizamento certo para um poder absoluto satisfeito).

É de uso na literatura analítica contemporânea localizar o negativo, e o desconhecido, num campo que estaria fora das representações e da linguagem: no irrepresentável e no indizível. A pulsão e o afeto seriam seu território exclusivo. Porém, essas visões permanecem parciais. É verdade que a pulsão reduzida ao meramente biológico suporta, como foi entendido, esse hiato. Da mesma forma, reter do afeto *apenas uma única* de suas funções, aquela, incontestável, de criar uma ruptura de sentido, uma mudança de registro, convém a essa deturpação. Nos dois casos está afastada da pulsão e do afeto a carga significante que têm, precisamente enquanto *significantes de demarcação* — o que também são.

Para a pulsão, mesmo reduzida, é no mínimo a sensação interna (enteroceptiva) de uma *excitação*, de um impulso ou de uma *atração* percebidas enquanto *qualidade* diferencial avaliada até quantitativamente de modo subjetivo (mais, menos, demais, não o bastante), o que depende de todo um sistema significante de apreciações, tolerância, e resistência pessoais.

Quanto ao afeto, só abusivamente poderíamos negligenciar o *significante analógico* (de demarcação) que ele se torna, para além da ruptura que causa, para si mesmo em relação ao prazer ou ao desprazer, à dor, à alegria, à satisfação, e para outro que não se engana muito nisso e reconhece muito bem a gama dos sentimentos experimentados, comunicados e recebidos, podendo em resposta participar.

Assim, em vez de ter que situar automaticamente o negativo entre degradações progressivas de sentido ou entre etapas de uma anterioridade confusa, conforme uma hipotética e incompreensível diferenciação, é melhor poder detectar esse negativo e esse desconhecido no próprio interior do imaginário e do simbólico, na composição e na articulação dos *significantes*. Importa, pois, situá-los também, fundamentalmente, no campo dos significantes. Sua detecção, por conseguinte, mais sutil, apóia-se em *afastamentos*, que sempre foram identificados pela lógica, e que o psicanalista encontra continuamente ao longo dos tratamentos:

1. É o afastamento entre o particular e o geral, o singular e o universal, os primeiros reforçando-se nos segundos e estes para se fundarem em relação àqueles. O *resto*, isto é, aquilo que do particular

cai fora do geral, à margem da lei, e o que do universal não cobre tudo, este resto dá consistência ao *desconhecido.*

2. Da mesma forma, o afastamento entre o *referente* e os *significantes* (lingüísticos ou de demarcação), entre o objeto e o sujeito que é produzido pela articulação e o exercício dos significantes, constitui o inesgotável desconhecido do real entregue à exploração de um saber científico e da experiência.

3. Enfim, o afastamento entre o *passado* e o presente, o que cai não apenas como impossível de ser revivido — coisas, seres, e em primeiro plano a *mãe* —, fatos e gestos passados, mas também como que desafiando a memória, a ponto de nada podermos saber disso, alcança o inapreensível do *projeto* vital rumo ao futuro e *do desejo suscitado pelo próprio desconhecido.*

Surgem assim portanto os parâmetros maiores da análise que permitem seguir em suas nuanças uma dinâmica: o sexo e a castração, a morte, o mal e a culpa, o desconhecido. Toda a progressão, a dialética colocada em jogo entre estas balizas, para o reconhecimento de um *fundamento* mental, leva a evidenciar uma *finitude que desperta o desejo e que nele se revela.*

Para cada caso, para cada estrutura clínica, a análise permite detectar as fantasias e os mitos que se organizam em função desses parâmetros, sabendo que o desconhecido toma consistência para cada história individual nesse ou naquele dentre eles.

A pulsão de morte poderia portanto não passar de um freio a pensar a proliferação das construções *produzidas pelo reconhecimento ou o desconhecimento da morte* em relação a esses diferentes pólos.

Pensar/não pensar a morte

Pois chegaríamos ao resultado paradoxal que, a pulsão de morte uma vez colocada no biológico, o "trabalho do negativo" que desenvolve a *negatividade* (isto é, *a negação da negação*) encontra-se reduzido a uma "superestrutura" menor e negligenciável, deixando livre uma resignação pessimista, sendo mais conveniente a essa força basal.

O aforismo proposto por Freud, *si vis vitam, para mortem*, que ele traduzia por "se queres agüentar a vida, organiza-te em função da morte",[12] só é aceitável, como observa G. Amado, desde que se entregue "anteriormente a uma reflexão fundamental sobre o ser da vida e o ser da morte".[13] É verdade que levar em consideração "a morte na mente humana só isso bastaria para fazer com que a psicanálise saísse do lote das outras ciências, com que se soltasse de maneira decisiva das outras psicologias" fundando uma antropologia que "se situa em plena ontologia".

Ora, todo sujeito, de maneira inconsciente ou refletida, confusa ou evoluída, por desvios ou segundo uma linha constante e resoluta, pensa a vida e a morte, e organiza-se em relação às construções e às figuras que pôde alcançar e que o coagem em contrapartida. Nessa trajetória, descobre que *todo desejo* vai além das aquisições positivas e estáticas e visa *o desconhecido: o desejo de morte* é uma das *formas*, guardada em si. E o apotegma "é preciso morrer para viver" (se o grão não morrer...) é uma constatação crucial que pode igualmente sustentar um duplo entrave.

Cada um tem seu modo de pensar ou de não pensar a morte, de inverter essas duas correntes, de fixar-se a uma ou a outra ou de delas desprender-se. Mas não se pode esquecer que a reflexão sobre a morte pode não passar de um meio de recusar o desconhecido, de distrair da sexualidade ou ainda do mal, o que implica que estes sejam mais intoleráveis que a morte, ou antes que esta morte pareça mais controlável, quando for ativamente provocada, quando acontecer como uma façanha, sobretudo com o desafio de ser inacessível.

A faculdade que tem o ser humano de pensar a morte, logo de incluí-la na vida, em todos os instantes que passam, é uma maneira de dominá-la, já que a vida *continua*. Os mitos religiosos, os ideais baseados no sacrifício, apoiam-se na morte para *abolir o desconhecido*, o do trespasse individual, de sua ocorrência imprevisível, e do além, do aniquilamento. Desse modo, o *sacrifício*, que constitui o cerne indispensável do mito monoteísta, pela função que dá a uma morte exemplar, designada depois eludida ou realizada sobre uma vítima expiatória, sacralizada por isso, cria um laço comunitário que mantém um projeto vital, conforme um modelo determinado, em que a morte é negada por uma imortalidade das gerações ou no além, logo *fora de um desconhecido*, preso num futuro indeterminado até sob o golpe das paixões, e que é apagado pelo poder absoluto de uma divindade e pelos efeitos de uma moral conseqüente.

O sentido tomado pela morte depende portanto dos mitos em atividade que sustentam os ideais: ou porque a damos deliberadamente a outrem no combate e na guerra, ou porque aceitamos sua eventualidade para nós vinda de outrem (a guerra ainda não é concebida sem essa reciprocidade), ou porque vamos ser seu agente para nós mesmos. Vencer, vencer-se, sobrepujar, dominar-se, isso é avaliado ao extremo com a morte, a sua medida. Mas a abertura do "possível como possível" não se limita a precipitar-se em direção à morte, nem ao contrário a dela eludir até o pensamento, ainda que a reduzindo apenas a uma pulsão passivamente recebida.

Pois vemos bem quais reduções pode sofrer a pulsão de morte: para dela isolar uma "forma pura" seria preciso segundo certos autores não confundi-la com a agressão, sobretudo em relação ao mundo externo.[14] Ora, Freud não abandonou a idéia de uma "pulsão de destruição" (até no *Esboço*). E seria suprimir toda a dinâmica, descrita em *Pulsões e destinos das pulsões*, entre a atividade e a passividade, si mesmo e o mundo externo, a inversão no contrário.

Da mesma forma, a mera oposição entre pulsão de vida e pulsão de morte, sem considerar outros parâmetros, leva a uma logomaquia em que o que é considerado como positivo, inclusive numa apreciação moral de bem, é colocado sob a rubrica da vida e o que é tido por negativo, igualmente com a designação do mal, deriva da morte, não sem que pelo jogo da intricação, ao inverso da desintricação, não reduzamos o mal ao bem, o negativo ao positivo, a morte à vida.

É preciso portanto admitir uma *violência fundamental* (descrita por J. Bergeret e que desconsidera o conceito de pulsão) tal como se manifesta inicialmente num sofrimento pelo *grito*, destruidor a um só tempo do outro e de si mesmo ao acusar o mal por sua expressão.

A pulsão de morte, anterior a toda manifestação, a todo signo, e além do mais muda, seria portanto esse limite, esse objeto de perspectiva como ideal teórico, revelando assim seu teor mítico.

Se seguirmos as considerações de U. Lowental, a pulsão de morte deve ser colocada como *pré-condição* a qualquer motivação que ponha em jogo a morte; e como causa *material* deve ser distinta das *causas* determinantes (descritas pelo autor na terminologia aristotélica), a saber: *a) a perda do objeto*, a mãe antes de tudo (causa específica, formal); *b)* a série: *culpa/luto/punição*, sobre fundo de angústia, quanto a destruir a mãe na vontade oral, e como culpa de maturação por ter-se separado dela, o que produz a depressão (causas concorrentes, eficientes); *c)* enfim os elementos de *realidade*, tais como a idade, as doenças graves, as violências letais, o recurso à eutanásia, a indução à morte como retorno a uma mãe acolhedora, ou o suicídio relacionado a suas causas mais comuns, tais como a perda das imagens narcísicas de si, as fraquezas somáticas, um modo de ser agressivo e punitivo, uma aspiração à reunião com o objeto perdido, ou o triunfo ativo sobre uma situação que impõe uma demissão passiva (causas precipitantes, finais).

Abstrair-se do conjunto dessas causas, de suas articulações, para ficar apenas com a pulsão de morte, é continuar o mais próximo possível de sua *função mítica*, de uma reificação da mera pulsão, e que responde à fantasia comum a todos os homens de vencer a morte, mesmo lhe reconhecendo sua inelutabilidade "biológica", mas todavia para que predomine um ideal em que a imortalidade das gerações e da espécie possa dar à morte individual uma aura sacrifical.

De modo que o impasse que se estabelece por vezes no tratamento analítico, e para o qual Freud estava obrigado a forjar a pulsão de morte, produz assim um congelamento teórico em resposta à ação negativante de certas estruturas psicopatológicas que anulam toda dinâmica e, por conseguinte, toda possibilidade de mudança.

A questão é portanto de poder optar por um *caminhar dialético* a partir da constatação da pulsão de morte, salientando o desconhecido, precisamente quanto ao saber e à contratransferência do analista, ao que disso imagina em suas idealizações e desafios o analisando, a partir do que um movimento diferente torna-se possível, seja pela perlaboração, a análise dos mecanismos de defesa e dos mitos subjacentes, ou pela *descoberta* de um perfil próprio ao analisando, até então permanecido inacessível. Estas inversões, esta negatividade, fazem parte do processo analítico. Passam por um pensamento da morte em função dos parâmetros precedentemente indicados, em que são efetivamente bloqueadas certas estruturas:

1. *Pensar a morte* é evidenciar os anseios de morte para outrem, tanto para as pessoas queridas como para aquelas que são francamente odiadas, e para si mesmo; é levar em consideração não apenas a fantasias mas as realizações mortíferas nos conflitos, encarar os mitos sacrificais que os comandam ou os proíbem, e também o impacto corporal da morte no sofrimento, na doença e na velhice.

2. *Em função do sexo*, o pensamento da morte pode ser um meio obsessivo de recalque, mas a *castração* inversamente permite fugir da ameaça máxima implicada pelos interditos (o pecado mortal).

3. *Em relação ao mal*, qualquer que seja sua definição, segundo critérios morais ou segundo uma avaliação das dores sofridas, do sofrimento em geral, observaremos a importância das projeções que localizam o mal absoluto, a malignidade numa força demoníaca, o diabo (*diávolos*, em grego significa: o que separa, desune), onde reencontramos os caracteres típicos da pulsão de morte na linguagem de Freud, ou em um lugar, o inferno. A tradição cristã opõe Deus, a Vida, na eternidade e no além, ao Diabo, à Morte, ao pecado e, no ensinamento de são Paulo, à carne e ao formalismo da lei sem o

espírito e a fé (*Epístola aos romanos*). Não podemos ignorar estas aproximações quanto à pulsão de morte.[15]

E a idéia de uma "segunda morte", como *maldição* e danação eterna, no horror de uma transgressão suprema, mas querida em conhecimento de causa, e sobretudo como sofrimento absoluto e sem fim, pode ser reconhecida, segundo a indicação de Lacan, no projeto de Sade.

O mal é designado na teoria freudiana na origem de uma primeira rejeição da criança, manifestação inicial da pulsão de morte, e no *mau* objeto, projetado ou introjetado.

Constatamos entretanto um importantíssimo peso psíquico da interação entre a morte e o mal por intermédio da *culpa*: a morte é o castigo definitivo para o mal absoluto; a culpa é avaliada em função do ato consumado ou da intenção mas também conforme uma gama de penas incorridas, dentre as quais a morte. Esta, mesmo virtualmente, convém para uma inteira compensação: por isso, entra na economia mental do masoquismo. Além disso, e no mesmo sentido, a morte torna-se um bem quando é o meio de pôr um termo a uma dor, a um mal intoleráveis. E se a culpa volta-se sobre a sexualidade, a carne tornando-se sinônimo de morte, ela sobrecarrega a intricação dos parâmetros.

4. A *relação de desconhecido* está no centro dessas interações porque está ligada ao *desejo*. Enquanto que a demanda visa este ou aquele objeto determinado, o desejo tem por causa e por objetivo um *objeto de perspectiva*, sabendo que este último, tal como pode fixar-se num *ideal*, é o *significante do desconhecido*.[16] A rigor, um desejo "puro" é um desejo de morte, no mais intenso do desconhecido.[17] Ademais, o desejo tem um alcance que vai além do prazer, para atingir o *gozo*. Provavelmente a aspiração à imortalidade é a sua manifestação.

É aqui que se deve observar um deslizamento, uma inversão que pode desviar o pensamento: *se a morte é o desconhecido, então o desconhecido é a morte*. Tal paralogismo explica a rejeição que pode ser suscitada pelo desconhecido que ademais se aparenta assim ao mal.

Podemos portanto afirmar que a pulsão de morte é, nesse contexto, um objeto de perspectiva que recobre o desconhecido onde são recolhidos o impensável e o indizível quando são intoleráveis, às vezes até ao horror, e o mal resultante do ódio e da violência. Ela designa igualmente um limite, uma fronteira intransponível do pensamento teórico para além do qual se situa um vazio, o desconhecido.

Estamos agora em condições de examinar a organização dos parâmetros em três estruturas clínicas que mais apresentam dificuldades, aquelas que levaram a recorrer à pulsão de morte, e para as quais o pensamento da morte, em positivo *ou em negativo*, por sua presença ou ausência, impede a relação de desconhecido, criando assim uma contaminação muito especial entre a clínica e a teoria.

Consideremos sucessivamente a melancolia como fundo psicótico; o masoquismo e a clivagem da perversão; o pensamento "realista" e o psicossomático.

• Para o *melancólico*, em quem se desenvolve uma "pura cultura da pulsão de morte", a morte está em primeiro plano enquanto aspiração, aniquilação psíquica e ato suicida. Isso caminha junto com um *desconhecido abolido*: com efeito, toda a vida é reduzida a uma perspectiva única, sem flutuações e monótona, de uma desvalorização completa, sem esperança ou projeto. Tudo está portanto inteiramente *previsto*, sem surpresa ou descoberta. A sexualidade faz parte dessa total anulação. Porém, Freud havia notado ("Luto e melancolia") que o melancólico encontra nesse estado certa jubilação morosa, a ser compreendida na relação *sadomasoquista* entre o Supereu, o objeto interno e o Eu citados nas descrições agora clássicas. Nesse quadro, a morte é um mal que absorve os outros males, tanto aqueles relativos ao objeto quanto aqueles da consciência superegóica. Por ela, procurada, atingida, uma potência de dominação sobre o desconhecido que viria desse mal parece adquirida.

As psicoses, como a melancolia, não levam em conta a realidade, suas eventualidades, a impossibilidade de prever seus acasos. Um delírio de interpretação apodera-se do insignificante, das coincidências externas, para reduzir o desconhecido a uma sistematização unívoca e irrisória. A *foraclusão* deve ser entendida como referindo-se a todo *significante* maior que permite nomear e fixar o desconhecido numa origem ao integrá-lo no simbólico (o falo, o nome do pai).

A violência psicótica necessita igualmente da morte, no sofrimento e ao enfrentar as crises, para resolvê-las, do mesmo modo que para a espera e o desconhecido da vida, ao reduzi-los ao ato definitivo, como experiência limite, com a ilusão de que conhecer os meios que levam a um fim permite dominar o impossível de ser conhecido derradeiro.

Compararemos essa organização à das neuroses quanto à relação de desconhecido para perceber com precisão as diferenças.

• Com a *histeria* importa, como afirmei anteriormente, para não faltar o mais específico de sua estratégia inconsciente, reconhecer que seus sintomas, sua expressão, visam *pôr à prova o desconhecido para o outro*. Aquilo que se pode perceber tenta revelar esse desconhecido essencialmente enquanto *sexual*: de modo que as reaparições do recalcado, nessa neurose onde o recalque é com efeito o mecanismo maior, oferecem-se ao outro sob forma camuflada, como um enigma cujo teor sexual se esconde e se mostra a um só tempo, para fazê-lo reagir — pela fuga, a participação, ou a incompreensão —, a fim de descobrir seu desconhecido, a ele que é justamente colocado em postura de saber. Entendemos que a histeria tenha quanto ao sexo valor heurístico para o psicanalista.

Mas no histérico, a morte pode vir tomar o lugar do sexual por uma substituição do desconhecido: o suicídio é então a experiência exasperante quando a relação com o outro fraqueja, como um complemento necessário da sedução. O alcance do desejo rumo a um desconhecido ao qual responde a morte traz novamente uma questão urgente para o outro quando a sexualidade se confunde com o mal, o pecado e a morte.

• Na *neurose obsessiva* a morte está sempre presente *em pensamento*. "É preciso morrer para viver" ganha toda sua força paralisante tanto para alimentar, como duplo entrave, a *dúvida*, quanto para inibir qualquer ação. O desconhecido e a morte tornam-se o alvo e o *desafio* das buscas mais obstinadas, se não forem as mais absurdas. O que se desvia por deslocamento do sexual dá lugar a um poder absoluto do pensamento em concorrência permanente com a culpa. Não fossem os sintomas, essa orientação sobre o desconhecido manteria uma epistemofilia sublimada que está na origem da pesquisa intelectual ainda mais que é reforçada por uma minúcia de procedimentos de trabalho necessários à sua realização.

Note-se que a neurose obsessiva *pensa* a morte em suas diversas eventualidades, dentre as quais as montagens sadomasoquistas, as avaliações de uma casuística que pesa os graus do mal e a responsabilidade, a culpa conseqüentes, sem ter aliás que passar ao ato. Além disso, a imortalidade é o fruto de uma meditação ligada a uma prática ritualizada e a uma ética que permitem *vencê-la*, logo negando a morte.

E por ter relações estreitas com a religião, essa neurose compraz-se no tratamento preciso da morte, até na codificação de sua representação, pelas *crenças* e *mitos culturais*. O *sacrifício* nodal de nossas sociedades monoteístas serviu de eixo e modelo para os sacrifícios individuais ordenados pelos interditos que servem para reprimir as pulsões, na vida sexual, com as restrições que permitem uma vida em comum, indo até às condutas mortíferas coletivas.

Esse contexto, matar sabendo que se está pondo em risco a existência, como prova de força de caráter, conforme o espírito de um ideal religioso ou social, dá um preço ainda maior à vida que sobrepujou esse perigo extremo. Freud observava: "A vida se empobrece, perde seu interesse, desde o instante em que nos jogos da vida não temos o direito de arriscar a aposta suprema, isto é, a própria vida."[18]

Ao beber a cicuta Sócrates mostra sua liberdade assim como o valor que dá a seu ensino, a sua luta contra os "sofistas", a fim de permanecer, tão longe após sua morte, na memória de seus discípulos.

Dirão que Sócrates era melancólico, ou que estava apenas matando com seu ato aqueles que tinham o poder de condená-lo?

Nossa civilização está construída — como esquecê-lo? —, sobre esses mortos sacrificais que pesam com todo seu peso exemplar não apenas nos conflitos, mas na ética de uma vida quotidiana. Não é apenas uma emulação obsessiva dos interditos sobre uma ampla escala social. A morte sacrifical fez parte dos ideais mais poderosos de nossa civilização, em razão de sua austeridade em que se exaltam as façanhas mas também de sua pugnacidade triunfante no próprio progresso da humanidade. É provável que aqueles que lhe sucederão e que já estão subindo, movidos pelo desespero quando a esperança torna-se vital, assumirão o mesmo contexto, as audácias, as loucas performances, e os perigos vencidos, uma vez que uma via heróica parece inelutável.

Além disso, a adesão ao desejo, própria ao obsessivo, como uma falta-a-ser que uma busca metonímica do pensamento tenta interminavelmente preencher, não pode deixar de descobrir o desconhecido que funda esse desejo, fora das leis que o canalizam: essa transposição, essa transgressão aproximada e temida acaba por fazer disso um desejo de destruição e morte, retomado ao longo de anseios repetidos sem cessar.

Pensar a morte é seguramente percorrer esses labirintos obsessivos tais como são, conscientemente ou não, mantidos por ideais culturais e religiosos.

Vemos aparecer toda a potência do *sadismo* e do *masoquismo*, com sua reciprocidade real ou sobretudo virtual e fantasística.

É verdade que as restrições pulsionais impostas pela vida em sociedade, e simplesmente também pela realidade que não pode satisfazer todas as pulsões, têm importância capital nessas relações na origem das perversões. E nisso Reich não está errado. Mas sua dinâmica complexa e suas inversões não poderiam nunca pôr-se em marcha caso não houvesse uma violência primeira (com o grito, disse eu) que se esforça em dominar ativamente o sofrimento recebido passivamente.

Não se pode aqui eludir o alcance do *mal*, isto é, o que faz sofrer *sem razão*, sem que apareçam um benefício qualquer, uma resistência em contrário, logo numa identificação recusada e no entanto atraente à causa da dor. A operação mental consiste então em encarregar o sexo de vencer o mal, isto é, o *ódio* exercido no *poder* e na *dominação*: ao conseguirmos gozar no sofrimento, através de uma *erotização do mal*, mostramos o domínio que temos sobre ele. E o limite que permanece em perspectiva é sempre a morte.

Tanto o sadismo quanto o masoquismo nutrem os conflitos, talvez até todas as relações humanas. São componentes de todas as perversões sexuais, pela rejeição de uma lei paterna ao se desviar da procriação capaz de reproduzir as gerações, pela recusa de uma relação com o outro sexo ou em práticas solitárias (o fetichismo e a masturbação) e distantes (o exibicionismo e o voyeurismo) e geralmente pelo desafio a uma autoridade representando todos aqueles que recusam tais atos, sobretudo públicos, desafio ao Pai idealizado, que acarretam concretamente condenações judiciais (especialmente o exibicionismo, a pedofilia).

O mal, seja ele qual for, dor física, privação, julgamento moral acarretando culpa consciente ou com mais freqüência inconsciente, castigo incorrido, está, como R. Stoller bem o evidenciou, no cerne do sadomasoquismo e das perversões. Fora das leis, o mal ocorre como lei autônoma que se manifesta no escândalo de um gozo no ápice da dor. Esse poder absoluto cuja prova é o orgasmo atingido, fixa ao *desejo* um objeto-limite: a morte, no lugar do desconhecido, jamais atingida, onde o acme de volúpia e desafio realiza a passagem ao Pai morto, em extemporâneo.

Nessa estratégia, sabemos, o masoquista é, mais do que o sádico nas aparências, o dono da situação.

Essa organização especial dos parâmetros, o sexo, o desejo, a morte e o mal, que reencontramos no masoquismo de tão freqüentes incidências, mostra que a morte é o objeto de perspectiva.

Com o *fetichismo*, cuja presença em graus diversos em todas as perversões deve ser reconhecida, o desconhecido é fixado ao sexo materno, o fetiche enquanto pênis materno vindo obliterar esse desconhecido e permitindo *desaprovar* — por uma clivagem que mantém, ao mesmo tempo, as percepções primeiras — a teoria infantil consecutiva e a realidade, a diferença dos sexos. Há portanto uma transposição do desconhecido que se desliga da morte como fim derradeiro para voltar à origem sexual e materna num desejo centrado num objeto material: o ser vivo feminino, seu corpo, seus órgãos sexuais sofrem uma abolição sádica ao passo que o orgasmo se confunde com o triunfo masoquista da solidão em face do objeto inerte; o desafio ao Pai idealizado reproduz o acesso momentâneo ao Pai morto, citado anteriormente.

Mas esse poder do desejo, quando o desconhecido dá origem a um objeto de perspectiva, sustenta uma oscilação metafórico-metonímica concentrada no gozo fálico devido ao fetiche, e por uma superação da realidade, uma metamorfose, cujo idêntico movimento é possível encontrar na jubilação estética.

A operação fetichista exemplifica bem a atividade de pensamento porque o negativo (a ausência de pênis) desaprovado, negativado por sua vez, dá ao objeto, fetiche ou obra de arte, um contato e uma abertura metafórica sobre o desconhecido.

• Tratamos até aqui das incidências manifestas da morte quando esta não se dissimula nem na ação nem no pensamento, seja para alcançá-la num ponto limite, ou ao contrário, pela repugnância que inspira, quando induz uma fuga ou substituições patentes.

Com *o pensamento "realista"* e *a psicossomática* a morte é desaprovada por diferentes vias de inversões complexas.

Por "realismo" entendo uma forte fixação (indo até a constituir estruturas patológicas que devem por isso ser delimitadas) aos dados da *realidade*, perceptiva, lógica, do sentido comum ou das ciências, espcecialmente da biologia, com um afastamento, uma desconfiança, produzindo *o recalque ou a desaprovação das fantasias*, do pensamento imaginário, sufocado em seu desabrochar.

É também uma anulação, um transporte ao negativo de toda *causalidade* psíquica. De modo que a "realidade" é utilizada paradoxalmente contra uma "prova de realidade" em que o pensamento poderia ter-se afirmado no jogo *aberto* dos significantes. Toda causa perde seu sentido psíquico. O negativo atinge com o *não-sentido* todo um campo do pensamento. A história individual, o passado próprio têm seu alcance determinante neutralizado, reduzidos que são ao acaso, como se não tivessem nem conseqüências nem efeitos sobre o caráter e as reações entretanto adquiridas do sujeito.

A educação que despreza o imaginário, o excessivamente "pessoal", e também as impressões traumáticas difíceis de serem assimiladas, encoraja um masoquismo permanente que cuida de conservar a austeridade e a rigidez desse "realismo".

Tal pensamento permanece ligado a "constatações" firmes e inexpugnáveis, que são tautologias: a morte é a morte, a vida é a vida, ou ainda: morte e vida não andam uma sem a outra. Em suma, a morte não entra numa dinâmica significante que calcula, projeta, *deseja* em função dela. Não que a vida fantasística não exista, mas ela é recalcada ou desaprovada na ordem das causas. E sobretudo, o pensamento da morte, com suas inúmeras singularidades, é reduzido a suas representações corporais, como resultado de um mecanismo fisiológico que, ao se expor sob a aparência de um saber científico, herda todas as construções imaginárias estritamente localizadas no campo da doença e da decrepitude física.

Além disso, essa impossibilidade de qualquer *especulação* sobre a morte numa relação com o outro pode autorizar a idéia de uma incapacidade em pensar seu próprio fim em imagem alguma, aquela, em primeiro lugar, do *cadáver* que seremos — no que, ao inverso, o obsessivo excele, sobretudo em sua veia religiosa, ao passo que o histérico nela se afunda quando em crise e o drama acontece. Disso resulta que um *querer morrer*, quando vem à mente, fica em suspenso, retido em *permanência* como uma virtualidade, ao limite da consciência, no pré-consciente. As vias que então se oferecem podem ser esquematicamente reduzidas às seguintes restrições:

a) É primeiro o *não-dito: não atualizar* — pensar, exprimir, agir —, *o desejo de morte* e por conseguinte a morte. Esta será por isso *diferida* enquanto pensamento de um ato voluntário, submetido a certas condições futuras: tal mal, tal degradação precisa, tal situação intolerável, ainda não prevista nem figurável. Este "programa", podendo de resto modificar-se com os anos quanto aos objetivos, às balizas futuras, tem um poder narcisante uma vez que tem a vantagem de dominar qualquer eventualidade imprevisível. É um procedimento de certo modo "terapêutico" que consola das penas presentes em relação àquelas, mais terríveis, que imaginamos para mais tarde. Une-se à focalização da morte sobre a doença numa visão médica.

b) Uma outra orientação confia numa espera *permanente* de uma *morte lenta*. Esse desfecho é ansiado desde que seja sem causa, que advenha sem que uma determinação psicológica, voluntária ou inconsciente, seja até concebível. Resta portanto em jogo apenas uma "pulsão de morte", uma causalidade biológica e acidentes de origem externa.

Sublinharemos a convergência da teoria com essa montagem do pensamento "realista" que desaprova as causas psíquicas e mais exatamente sua colocação em palavras, sua inserção *significante. O desconhecido reprimido é aquele que surgiria dos próprios significantes.*

c) Ora, essas fixações mentais acarretam um comportamento consciente ou atitudes espontâneas que levam a estados de sofrimento cujas repercussões psicossomáticas podem ser graves o suficiente para "causar" a morte.

Nos casos que citei, em que o *perigo* é especialmente procurado, não é somente o risco de um resultado fatal que conta mas se acrescentam também as reações fisiológicas que acompanham a preparação e a realização do ato. Quero falar do "estresse": estes efeitos incontroláveis, e por isso com freqüência inconscientemente chamados, ocorrem em situações perigosas, que eles servem para evidenciar, ainda que não sejam produzidas por um roteiro patente.

Pois há também os estados de *contenção*, mental ou física, quando os *movimentos* reduzidos ou impossibilitados confinam, como Lacan havia revelado (em *O Seminário sobre a Ética da psicanálise*), com a *dor*.

O *querer morrer* desaprovado segue portanto desvios, fora de toda vontade, rumo a alvos somáticos, onde balizamos o estresse e a contenção, mas igualmente modos de vida, alimentares, de fadiga e repouso, de postura, de "couraça corporal" como dizia Reich, de excesso e restrição, pelo barulho ou o silêncio, a agitação ou a solidão, acumulando alterações físicas que fazem as doenças psicossomáticas. O negativo, a desaprovação, incide sobre esse desejo de morte e à fantasística correspondente.

Esse rigor diretivo é conscientemente colocado na conta do *trabalho* necessário ou do *dever* imperioso. De modo que para avaliar estes estados psicossomáticos, sabendo-se que podem efetivamente conduzir à destruição, que são uma espécie de somatização *à espera da morte*, é preciso conhecer-lhes a dimensão *sublimatória* para apreciar os ideais ativos, individuais e sobretudo coletivos, que sustentam estes programas de vida. Uma adesão declarada ou implícita a um *mito* que os organiza pode esconder uma fraqueza, talvez até uma rejeição não expressa da crença. A única então a persistir é a *contenção* sob forma degradada, resignada, de "realismo".

É de novo o masoquismo, em todas as reações terapêuticas negativas, através da grande variedade das manifestações clínicas, que continua sendo o escolho. Deve-se também ressaltar, no quadro das atitudes perversas, o desafio lançado ao psicanalista enquanto Pai idealizado, na alternativa em que se sucedem um amor "absoluto", idealizado, e um desejo de morte, capaz de voltar-se contra si e bloquear-se numa relação paranóica. A destruição visa tanto a psicanálise quanto a pessoa do psicanalista.

Enfim, comparada com os sintomas psicossomáticos, a *hipocondria* será identificada em relação aos parâmetros sabendo que o "mau objeto interno" permite localizar o mal no corpo, como potencial de sofrimento e morte vindo anular o prazer das zonas erógenas que poderia ser aguardado, o desejo estando reduzido a uma demanda, a um *desafio terapêutico* pelo qual um *saber todo-poderoso, taumatúrgico,* recobre qualquer desconhecido, o qual permanece acantonado no corpo. O desejo reduz-se a um desejo de curar, e relega à ignorância o médico, que se torna *causador de morte*. *O mal*, fixado a um órgão, está assim ao abrigo da culpa.

Esse percurso através de estruturas clínicas consideradas por seu potencial de reação terapêutica negativa propunha mostrar a variedade de inserção da morte, tanto pensada como não pensada numa dinâmica em que se devia evidenciar os diferentes parâmetros, para resolver seus impasses. A cada vez, em diferentes constelações, a morte vinha recobrir, recalcar ou desaprovar ao menos, o desconhecido. Esta mesma operação é singularmente encontrada na iniciativa teórica, em certa etapa de sua elaboração, por notável convergência.

Ora, o que está em questão, num caso e no outro, é a *mudança*, seja ela esperada de uma *descoberta* ou de uma *perlaboração* — cuja ação, decerto complexa, não deveria nunca ser minimizada.

O mito e a virada

Para que essa mudança possa se produzir, a função do mito, no caso com a pulsão de morte, consiste em preparar uma etapa do pensamento, uma *parada* do saber. Em sua vertente positiva, como vimos, o mito sustenta o projeto de uma imortalidade para além da morte, pela sucessão das gerações. Isso entretanto só ganha sentido se esperamos uma transmissão dos ideais ou das virtudes admitidas, e, num plano racional, de uma herança cultural e científica sustentada por obras, por usos e um saber comunicável. O mito enraíza-se profundamente no potencial narcísico de todo ser humano que aspira a *ligar a morte a uma ressurreição*. Esse narcisismo "trófico" que aguarda a felicidade apesar da morte não pode ser entendido como um simples vitalismo que se contentaria em cantar a pulsão de vida. Tal perspectiva seria a mais próxima do mito.

Bem diferente é o avanço a que induz o pensamento da morte, com sua vertente negativa, desde que siga os meandros de suas diferentes articulações, como podemos desvelá-las no panorama das estruturas que acaba de ser traçado. Pois a psicanálise é uma aventura *dialética*, no tratamento, tanto para o psicanalista como para o analisando. O negativo segue seu caminho graças a essa propriedade da mente humana de poder pensar a morte e representá-la, e de aplicar o negativo ao que era tido por positivo *e inversamente*, quer se trate da vida ou da morte, do saber ou do não saber. Nesse movimento que põe em jogo o tempo e seu a posteriori, *a perlaboração* precisamente, o que surge é o *desconhecido* quando emana do passível de ser conhecido e do impossível de ser conhecido, de suas relações móveis, do experimentado e do inexperimentado, do dizível e do indizível, pela *negatividade* experimentada especialmente na análise. A angústia do ser-para-a-morte pode ser então recebida para dar abertura ao "possível como possível". Mas além disso, a partir daí, outro avanço, extraído da morte, torna-se acessível, por uma *virada* do pensamento que barra o ser do *nada*.[19]

Na análise, esse trabalho do negativo é fundamental para se chegar à mudança, à virada, (a uma "metanóia" diríamos, não houvesse nessa palavra uma carga moral de culpa reparadora) que libera uma relação de desconhecido, tanto sob o mito quanto sob as construções psicopatológicas, a partir de um pensamento da morte assumida.

Na verdade, essa experiência da psicanálise passa pelas articulações funcionais dos *significantes* em que se descobre o desconhecido como ponto de perspectiva para o qual se dirige o desejo na cadeia *metonímica*, e como *ruptura* de sentido que lança a abertura *metafórica*. Esse movimento dialético encontra, pois, necessariamente a relação de desconhecido que anima um "ir para", em relação a um limite de transposição, reconhecendo um *desejo de morte* nem um pouco desaprovado, em outros termos, ao revelar o objeto de perspectiva que é, em suas diversas manifestações, causa do desejo em lugar desse desconhecido.

Essa virada, às vezes tão difícil de ser atingida na análise, de que podemos esperar descobertas, passa pelo negativo, devendo decompor os mitos renascentes, que o homem desfaz e reproduz sem fim, da mesma forma que as ilusões e as crenças que despertam o desejo nos projetos coletivos. E nessa via, a experiência estética, inclusive na arte de viver e morrer, oferece, pelo uso da oscilação metafórico-metonímica, as balizas indispensáveis tanto do significante quanto do desconhecido.

E será preciso lembrar que essa transmissão através das gerações, que está no cerne do mito próprio à pulsão de morte, ressurge na ordem do simbólico, já que a morte pensada ao longo de uma experiência analítica participa da virada que conduz do Pai idealizado ao Pai morto?

O trabalho do negativo, inelutável na análise, comporta momentos áridos, bloqueios por vezes invencíveis — essas reações terapêuticas negativas —, mas é o avanço inelutável que não recusa por à prova o próprio analista e opõe a um poder absoluto do pensamento que permaneceria fascinado por um poder terapêutico sem limites a necessidade de um desconhecido. Esse trabalho é insubstituível para extrair esse desconhecido dos mitos que se baseiam na morte, fantasias de castração e de uma resignação disso decorrente, graças ao que pode ser aceito o sentido de nossa *finitude*.

Mas para que essa mudança, essa abertura sejam possíveis, é preciso que o desconhecido não fique marcado pelo negativo que o faria rejeitar: isto é, sua elaboração metonímica, da vertente materna, libera-se de uma matriz original cujo abismo seria uma contínua e invencível descida para a involução, e que o poder metafórico tenha encontrado sua ancoragem paterna e não seja esmagado por substituições míticas ou, em caso de foraclusão, por proliferações delirantes. Importa também que o desconhecido não fique preso numa douta ignorância que freia toda progressão do conhecimento e que não surja em lugar do conhecido quotidiano banal para servir apenas de apelo às construções psicóticas. É preciso ainda que não fique isolado da busca de conhecimento exercida em seu campo, por uma progressão do pensamento científico e do saber — pela epistemofilia fecunda, e por uma tomada de sentido no próprio desconhecido, quando a oscilação metafórico-metonímica exalta o desabrochar poético de uma obra ou da própria vida em jubilação ou em êxtase, e vai ao encontro das alegrias da existência.

A ética da psicanálise não existe por certo sem uma parte de ascetismo que não se resume no cuidado em se afastar de uma relação dual de sedução ou de resposta à demanda, mas que, fundamentalmente, revela essa relação de desconhecido, no outro e em si mesmo, mais-além das construções que se dedicam pela morte e pelo mal a desaprová-la. Longe de ser fonte de temor e horror fúnebre, onde a morte fica paralisada sem entrar nos mais sutis jogos dinâmicos do pensamento e dos projetos humanos, o desconhecido apresenta-se como a via indispensável para alcançar a descoberta, o encontro feliz, o maravilhoso caso exista, e dispor sucessivamente do entusiasmo e da serenidade.

IV

AS FANTASIAS ORIGINÁRIAS E SEUS MITOS CORRESPONDENTES

A correspondência entre as fantasias originárias e os mitos, especialmente os da religiões monoteístas que moldaram a civilização ocidental, é de pregnância tão grande, com tal reciprocidade de efeitos, que as particularidades de sua articulação devem ser descritas por pares entre cada um deles.

Tanto de um lado como do outro, o remonte à origem é sempre um confronto com o desconhecido do qual resulta um programa para sobrepujá-lo pelo imaginário que induz, como conseqüência, procedimentos que se afiguram aptos a levar a mente a descobertas.

O freudismo mostrou a importância da fantasia, consciente e inconsciente, como suporte organizador do desejo, dando forma a suas representações.

Toda pesquisa nesse campo encontra o desdobramento que nasce do fato de que essa busca de uma origem está inclusa no roteiro da fantasia *e* na observação a ela referente. Laplanche e Pontalis expuseram-no em seu estudo inicial muito conhecido.[1]

A primeira questão que é sempre formulada é a da constância de aparição das fantasias originárias, sua universalidade sob quatro paradigmas: a cena originária, a castração, a sedução e o retorno ao seio materno. De minha parte, invocarei sem hesitar a situação existencial da criança, sua evolução determinada por uma abordagem inicial do desconhecido: ela resulta de uma longa maturação, sucedendo a uma prematuração que torna a criança tributária da mãe, e que se desenvolve nos três planos físico, intelectual e sexual.

Além disso, a criança está presa em quatro existenciais: a diferença de gerações, a diferença dos sexos, o poder, a relação com a morte. O complexo de Édipo condensa essas experiências que são as das oposições entre a violência e o amor, entre a separação e a união (ou a aliança). Mas, sobretudo, a criança é mergulhada, mesmo antes do nascimento, no campo dos significantes da mãe, e do ambiente, que justamente carregam com eles mitos eles próprios oriundos das fantasias iniciais, agindo em retorno na organização destes na criança, numa interação contínua e que deve ser considerada no particular de cada indivíduo, com suas variações e alterações patológicas. Entenda-se que adoto para o estudo dessa gênese da fantasia uma perspectiva inter-relacional cedendo ao desenvolvimento ontogênico personalizado da criança.

Origem e causalidade

É possível afirmar que *a busca da origem é intrínseca às funções da fantasia.* E, mais exatamente, não passa da forma extrema de um trabalho de associações mentais inteiramente pragmático, que estabelece o sentido da *causalidade* que leva, por acesso ao princípio de realidade, num longo encaminhamento, a suas bases mais científicas.

Importa distinguir nessa progressão quatro pontos de vista nas relações entre a fantasia e a origem, o que nos faz compreender as primeiríssimas reações da criança, como faz a mãe, aliás, permanentemente.

1. A criança expressa-se por choros e gritos, pela calma e o sorriso. Aprende também a encontrar uma *causa* para o desprazer, para a passagem do prazer ao sofrimento e *vice-versa.* A busca alucinatória do prazer transforma-se em fantasia na medida em que progressivamente se estabelece o sentido da realidade, isto é, na medida em que a fantasia é reconhecida em lugar de uma causa real percebida a partir dos *primeiros significantes enigmáticos de demarcação* relativos à mãe. As satisfações substitutivas do auto-erotismo põem em jogo na fantasia esses significantes, o que supõe que estes tenham podido se estabelecer. Em outros termos, uma *espera confiante* já deve ser possível para antecipar uma intervenção benéfica desde que seja reconhecida como exterior. Estamos portanto aqui na constituição de uma causalidade sobre a qual interfere a fantasia. Ao mesmo tempo, uma comunicação através dos significantes analógicos existe, e a criança pode dela tomar consciência.

2. Mas, para que esse progresso, mais complexo do que mostra esse breve resumo, comece, é preciso que a *derrelição* primeira tenha sido sobrepujada. Isso implica que os significantes tenham se estabe-

lecido por uma seleção ordenada em função do prazer, permitindo deixar de lado, fora, um fundo de percepções, suficientemente inofensivas para serem retiradas de qualquer excitação e para assegurarem um "recalque originário". Paralelamente, a ausência, ou o vazio, ou o negativo, tomam consistência de tal modo que são registrados pelos próprios significantes (logo remetendo ao referente fora de alcance perceptivo), significantes os quais podem assegurar uma comunicação "universal" implicando igualmente um *terceiro* quanto à mãe, isto é, o pai. Isso tudo exige portanto que o desconhecido seja recebido num valor positivo de expectativa e descoberta, a fantasia sendo então uma prospecção do desejo.

Esse controle possível da derrelição primeira cabe à atividade fantasística. Nunca é demais chamar a atenção para essa vertente do auto-erotismo: assim, na *sucção do polegar*, insistimos quase sempre na busca de um prazer de substituição esquecendo que há igualmente o domínio da falta, assim reproduzida, repetida e prolongada no encontro entre a ausência de alimento, de seio, e o *furo* da boca. Esse poder masoquista está portanto ligado às duas vertentes, de presença e de ausência, de prazer e de desprazer, que se mantêm na fantasia.

Ora, a impossibilidade de sobrepujar a derrelição e a ameaça do desconhecido dá lugar a dois tipos de parada grave no desenvolvimento. No primeiro, nem a amarração aos significantes nem o recalque originário servindo de fundo podem construir-se: disso resulta uma revivificação da derrelição que se manifesta por ausências mentais, zonas de vazio ou de obtusão que na criança não chegam sempre a crises de pânico, e constituem as psicoses autísticas. No segundo tipo, a derrelição é assumida pelos significantes que não podem entretanto se combinar entre si e que em razão desse despedaçamento, ou desse desmantelamento, permanecem enigmáticos e inquietantes, estranhos na expressão para o observador, fixados e repetitivos, tanto em seu potencial de violência fundamental, com tendência ao ato por curto-circuitos do pensamento, quanto por suas figuras insólitas porque isoladas numa dominância espacial abstrata (provavelmente a partir dos significantes formais descritos por Didier Anzieu).[2] Veríamos nisso os caracteres do pensamento esquizofrênico, alucinações e delírios.

3. Para que as fantasias possam organizar-se, em seu teor destrutivo tanto quanto em sua força de união, é preciso portanto que os significantes possam combinar-se entre si *como potencial inconsciente tanto metonímico quanto metafórico*, este potencial sendo próprio efetivamente ao inconsciente[3] e à fantasia que pôde constituir-se como

roteiro virtual portador do desejo. Aqui os significantes estão à disposição do pensamento fantasístico: seu afastamento pelo recalque produz então a angústia. Permitem, além disso, no *a posteriori*, uma tomada de sentido em que as estratificações memoriais das diferentes experiências vividas no tempo sobrepujam o bloqueio enigmático dos primeiros significantes.

Mas a questão que se apresenta então é a das figuras encontradas junto às fantasias originárias, isto é, as razões que fazem com que, em meio a enorme variedade das fantasias pessoais, algumas, por sua constância paradigmática, testemunham uma universalidade.

Designarei nessa organização a passagem de uma busca de causalidade restrita direcionada para a exigência de prazer, afastando o desprazer e a dor, para um *remontar às origens* a fim de encontrar uma resposta geral ao que persiste em não entrar nessa causalidade imediata (passagem da fome à infelicidade de viver, por exemplo), para circunscrever e dominar o que continua impossível de ser alcançado materialmente ou pelo pensamento: o *desconhecido está no cerne do originário*. Nunca será demais frisar que toda busca da origem, desde que a levem bem longe, pára sempre diante do desconhecido.[4] Veremos portanto que *para o sujeito a fantasia e para a comunidade o mito* vêm suprir, com um roteiro imaginário, na ilusão de um saber, o inacessível do desconhecido. É o *desejo* que no pensamento e na linguagem, em seu movimento e apelo irredutível de sentido, é sustentado pelo *objeto de perspectiva* constituído pela fantasia.

Existem portanto constantes nas relações entre a criança e seu meio que formulam desde o início da vida perguntas enigmáticas quanto à experiência ainda não adquirida e quanto aos interditos e às prescrições prévias, oriundos do campo simbólico ambiente. Aqui, é um *pensamento* do originário que se formula progressivamente a partir de observações sucessivas e de significantes que delas emergem.

Esse remontar às origens está especialmente centrado no sexo já que é a universalidade do interdito do incesto que domina. E seria inútil dissimular as razões desse estado de coisas: esse interdito leva em conta a diferença de gerações, isto é, a incapacidade por carência de maturação sexual da criança em realizar o ato sexual, mas afirma a necessidade para os dois sexos de se afastar da mãe para encontrar um objeto mais adequado quanto às convergências vitais das idades, à sensualidade, à beleza, às possibilidades de procriação, enfim para proteger a criança de uma violência de sedução que vem dos adultos, e para manter uma lei simbolizada pela fala do pai como terceiro.

Esse remontar às origens é particular a cada fantasia na resposta "originária" dada por ela ao desconhecido: na cena originária, tentar transpor o segredo do sexo na relação e na procriação dos pais; com a castração, o sacrifício e ameaça sexual contra todo anseio ou toda tentativa de assassinar o pai; com a sedução, a compreensão das relações, esclarecidas pela iniciação, entre o amor e o sexo quanto aos pais e aos adultos; enfim, com o retorno ao seio materno, a retração regressiva para uma proteção em relação aos conflitos e à morte.

A essas quatro fantasias que, quero frisar, são originárias porque tratam de um remontar às origens, para lá encontrar uma primeira transformação da qual decorre todo o desenvolvimento psicossexual do ser humano, deveríamos evidentemente acrescentar três outras formas vizinhas: o romance familiar, as teorias sexuais das crianças, a bissexualidade, e geralmente o complexo de Édipo. Pode-se ver que considero as fantasias originárias como que se desenvolvendo a partir de buscas infantis, e que são tributárias do simbólico parental e das leis da sociedade anteriores a todo nascimento. Ora, esse simbólico que compreende também as funções sociais dos mitos, e essas leis que regem os quatro existenciais num intento que imaginamos ser racional, sustentam-se numa metáfora paterna que inclui e assume o desconhecido.

4. Mas afirmarei também que *a fantasia é ela própria uma causa originária*. Explico-me: na experiência a ser adquirida de uma causalidade concernente ao prazer e ao desprazer, a dor, que desemboca na realidade, a fantasia insere-se como um poder que age conforme o desejo: por isso, *ela está como poder absoluto do pensamento em posição original*. E lembrarei que uma das manifestações desse poder absoluto do pensamento, por uma espécie de emulação, consiste em dominar um sofrimento *que nós mesmos produzimos*, a que também se dedica a fantasia, até na manutenção de sua frágil autonomia. O desenvolvimento da *culpa* e do *masoquismo* tem aí suas raízes. E, para dar uma primeira indicação no plano mítico, direi que o *pecado original*, além de estar ligado à revolta contra o pai, decorre desse poder absoluto que se concentra no poder da intenção e da fantasia, onde o pensamento vale então o ato consumado.

Nessa procura de uma causa e uma origem, a fantasia é um poderoso motor, um objeto de perspectiva que, substituindo-se ao desconhecido, ativa o desejo para descobrir uma realidade que em contrapartida abolirá a ilusão deste. O mito, socialmente, tem a mesma função.

Em resumo, direi que essa reflexão sobre a fantasia originária mostra-nos que não se trata mesmo, como Laplanche já recusou a idéia, de uma montagem inata ou filogenética, mas que devemos de preferência recolher as primeiras aparições na criança de uma curiosidade sexual, das teorias que ela põe em jogo em função do que lhe ocorre perceber, e sobretudo do desenvolvimento progressivo de seu sentido da causalidade. Nessa investigação, os trabalhos de Roiphe e Galenson são muito úteis.[5] Desnecessário dizer que a exploração desse surgimento "originário" acontece na prática a partir das lembranças do adulto em análise, onde os primeiros significantes enigmáticos, a curiosidade decorrente, as primeiras teorias, as fantasias conscientes, as fantasias inconscientes inferidas a partir de comportamentos ou de ideações repetitivas são sucessivamente repertoriadas quanto a essa busca do originário.

Ao examinarmos agora as quatro fantasias em causa, conhecendo a dominância de uma ou da outra conforme o perfil clínico em causa, tratar-se-á principalmente de evidenciar as relações entre fantasias e mitos, levando em conta sua constante *reciprocidade*, mas também os efeitos tanto positivos quando negativos que têm sobre o desenvolvimento mental e cultural.[6] A importância do mito deve-se a esse trabalho realizado pela criança em seu acesso ao conhecimento. Para Jean-Paul Valabrega: "O mito de um lado e, na outra vertente, o remonte às origens são apenas duas expressões, versões, traduções, transcrições, transposições — como quisermos — da mesma exigência explicativa, ascendente ou descendente, e de um desejo único: o do conhecimento, que deve ser entendido e escrito *co-nhecimento**, conforme essa afinidade, esse gosto das fontes de que é constituído o princípio. Todo mito refere-se à origem. Toda questão de origem só pode ir dar num mito."

Acrescentarei, enfim, que por mito proponho entender um relato originário e freqüentemente revelado que tem valor exemplar no apoio aos ideais, principalmente religiosos, para uma comunidade cuja união é reforçada pelo compartilhamento das fantasias individuais, quase sempre inconscientes, drenadas por esse mito.

Cena originária. Pró-criação

Com a cena originária, a curiosidade sexual está a um só tempo na proximidade, afetiva e espacial, do casal parental e num interdito

---

* Em francês, co-*naissance* = co-nascimento. (N.T.)

maior. De modo que, com muita freqüência, a evocação dessa cena reduz-se a ser apenas uma incongruidade, pouco imaginável ou que produz o nojo. Mas o fato é que as lembranças de tê-la percebido, na maioria das vezes por via auditiva (às vezes é inclusive invocada uma apreensão inicial no ventre materno de um coito parental), ou por alguma representação fragmentária visual e conexa ao ato, fortemente enigmática, existem, como Freud havia constatado na origem de suas descobertas sobre essa fantasia originária. Ademais, qualquer relação sexual animal que a criança tem a oportunidade de testemunhar (daí a prevalência das posições *a tergo*) ou qualquer alusão, o beijo no cinema, um quadro, *Leda e o cisne* por exemplo, e num plano mais abstrato uma bipolaridade, podem por associação sugerir a cena. É a elaboração desses materiais que permite reconstituí-la como fantasia inconsciente em suas diferentes modalidades, de sadismo do pai, de penetração destruidora, ou de castração experimentada pela criança, de masoquismo, de posição invertida. O sujeito pode ainda continuar sendo um observador externo, ou ser ativo, perturbar a cena, ou identificar-se com um ou outro dos parceiros ou com os dois, a não ser que procure separá-los.

É preciso que fique bem claro que para além de uma cena extemporânea que a criança pôde parcialmente observar, ou fantasiar num roteiro preciso que poderá manter-se até a idade adulta, desponta a *relação sexual que está na origem do nascimento do próprio sujeito*. Nisso são descobertas com insistência questões sobre a procriação ("de onde viemos?"), sobre o ato sexual consumado pelos pais, sobre as razões, o prazer que a ele conduzem. E essa "geração" pode remontar, num percurso que desdobra as filiações, até se perder inelutavelmente no passado. Insistirei portanto na *impossibilidade* da observação da cena primitiva, quando reconhecemos sua anterioridade postulada em relação à vida do sujeito em função dessa causalidade sexual que procura uma origem para as próprias descendências. Por certo aqui o desconhecido é intransponível quanto a assistir à cena procriadora dos pais, para a criança ao descer em sua direção, ou ao remontar em direção à sucessão parental. Diante dessa impossibilidade, logo desse desconhecido, certas reações típicas são identificadas ao longo da análise.

Já então a própria fantasia pode ser, como indiquei, recusada ou recalcada em razão dos interditos. Mas um outro modo de apagamento provém de uma rejeição para com os pais: na organização narcísica, ser o produto do coito deles é inaceitável, a não ser que uma ilusão todo-poderosa imagine tê-lo vigiado inteiramente, e até suscitado.

Além da fantasia de *auto-engendramento* que se manifesta principalmente no plano intelectual e cultural, conhecemos também as duas formas tomadas pelo romance familiar (desde a descrição de Freud em 1909)[7] justamente na medida em que a relação sexual é admitida para a mãe, o pai sendo apenas substituído por um genitor importante socialmente, ou que, fora de toda atividade sexual, a criança pretendendo ser encontrada ou adotada, os dois pais desconhecidos são imaginados, como para o mito relativo ao nascimento do herói estudado por Rank, de origem nobre. Encontraremos logo adiante temas megalomaníacos vizinhos.

Mas a elaboração da fantasia, principalmente ao longo da análise, permite entender uma singular articulação entre o que é imaginado e a própria atividade mental: a condensação entre a produção sexual e a do pensamento, efetivamente já na fantasia, mostra bem as passagens possíveis. A *concepção* é a um só tempo o ato pelo qual a criança vem à vida, a faculdade de compreensão, e o produto do intelecto, a idéia refletida. Da mesma forma, a *procriação* torna-se a metáfora preparatória e estimulante de toda criação, do sentimento ou da ilusão de uma expressão inteiramente pessoal, nisso original, ou de um trabalho, de uma realização espontânea que oferecem à sociedade um progresso ou um prazer estético. É na verdade essa curiosidade sexual infantil, ampliada e sublimada, que serve primeiramente de suporte para uma exploração quase transgressiva.

O fato de o desconhecido ser recebido nesta busca acarreta ou a retração na fantasia prolongada, ou então uma transposição no campo do mito onde a aliança social oferece os meios de uma busca eficaz num outro setor do campo cultural. Aqui, as leis simbólicas estruturam a genealogia, pautada pela metáfora do Nome-do-Pai, nas sociedades que são sempre patrilineares. O que a cena originária trata o tempo todo é mais do que o ato sexual em geral, mas o dos pais, nessa procriação de si mesmo, e que ela reúne em sua representação.

Ora, na análise, o trabalho sobre a fantasia inconsciente, ao fazê-la vir à consciência, ao revelar sua ilusão, apóia-se nas cadeias metonímicas cuja coerência assegura a permanência da realidade, as barreiras do desconhecido, mas revela também as balizas metafóricas trazidas pelos mitos sempre ativos, mas também pelas leis e os ideais coletivos.

Não basta para isso evidenciar simplesmente a cena originária, às vezes de maneira bem sistemática, para imaginar, como alguns, que essa elaboração metonímica e metafórica completou-se. Haveria aí uma participação na própria fantasia do analisando, onde a cópula seria psicanalítica, sustentada por alguma fantasia de penetração e fecundação.[8] A perlaboração, ao contrário, deveria permitir que nos desfizéssemos dessas ilusões que marcam a transferência e mostrar os fios metonímicos que ligam a fantasia a criações concretas, especialmente nas artes e na cultura, que animam o pensamento não apenas daqueles que as realizam mas também daqueles que as recebem. A metáfora virtual, inconsciente, da cena originária, criativa, pode então desdobrar-se, no sentido de uma jubilação de reunião mental, bem como nos ideais compartilhados.

Não se deve entretanto esquecer que essa cena, pelo próprio fato de chocar-se com a impossibilidade da observação, até mesmo com a inanidade de qualquer identificação projetiva, contém também a virtualidade de um apagamento das representações, até mesmo de um aniquilamento que pode entrar em ressonância com a derrelição primeira.

Descrevi já há muito tempo,[9] a partir da observação de Freud sobre um caso de paranóia que contestava a teoria psicanalítica,[10] o papel da cena primitiva nos "momentos fecundos" da paranóia, por uma ativação da violência que ela põe em causa, resultando de um bloqueio das identificações positivas, e por uma proliferação das metáforas delirantes como pendor inventivo.

E foi na mesma orientação da "criatividade" da cena originária que pude acompanhar, num texto ulterior,[11] as formas generativas da paranóia referentes à crença em sucessões delirantes, nos casos típicos de delírio de filiação, quando a imago materna, fálica, distinta do Pai idealizado, é estabelecida, a que se opõem as formas autárquicas megalomaníacas, e as formas de-generativas, destrutivas, quando essa imago se confunde com a do Pai idealizado ou a suplanta.

Os mitos que respondem no monoteísmo à cena originária estão todos, de modo inaugural, bem no início do Gênesis, com a diferença sexual, os interditos e a ameaça de morte, e sobretudo com a irresistível aspiração ao conhecimento. O Deus original e eterno ao criar o mundo instaura as separações, as diferenças bipolares: entre o dia e a noite, os céus e a terra, com os vegetais e os animais chamados a se multiplicarem, e o homem enfim posto no jardim do Éden onde, nesse lugar maravilhoso, tudo lhe pertencia e onde não podia morrer. Mas um interdito maior se impunha: comer do fruto da árvore dita "do conhecimento do bem e do mal" levava à morte. Em seguida veio a criação da mulher, feita da carne e dos ossos do homem. A diferença dos sexos e o primeiro casal estavam assim criados. Mas após a "sedução" da mulher pela serpente, eles provam do fruto proibido, o que lhes dá um saber do bem e do mal e uma culpa sexual para com a nudez. As sanções divinas intervêm então: o parto na dor para a mulher, a pena do trabalho para o homem, e a morte ("és pó e ao pó voltarás", Gên. 3, 19). Ambos têm a partir de então um nome, Adão chama sua mulher Eva. E Deus os expulsa do Éden pois teme que o homem, deve-se frisar, a ele se iguale se comer de novo do fruto do conhecimento, o que o faria viver eternamente (Gên, 3, 22-23). O primeiro casal deu a vida a Caim e depois a Abel: conhecemos os termos que relatam a primeira cópula (Gên. 4, 1): "O homem conheceu Eva sua mulher. Esta ficou grávida, deu à luz Caim e disse: 'Procriei um homem, com o Senhor.' Chouraqui traduz com mais precisão: "Adão penetra Hava, sua mulher. Grávida, ela dá à luz Caim. Ela diz então: 'Tive um homem com IHVH.' E seguiu-se a sucessão de gerações, detalhada por aquelas dos nomes, continuando no Novo Testamento até José, o pai nutriente do Cristo, por Abraão, Davi e Salomão em trêz vezes quatorze gerações (Mat. 1, 1-17).

Vemos assim no limiar de toda a revelação bíblica a mesma configuração, as mesmas respostas, contidas no mito, que na cena originária: o remontar às origens é de imediato situado; é o da criação por uma série de diferenças que prefiguram a dos sexos; converge para o casal original e a primeira união sexual, a primeira procriação, tendo que transpor o interdito de Deus, imagem todo-poderosa do Pai idealizado. Mas o que há sobretudo de mais notável nessa correspondência com o mito é o papel do *conhecimento* que se destaca nesse retrocesso, impondo-se ao primeiro casal, como a nós mesmos já que descendemos todos desses pais originais, por uma travessia obrigada da questão sexual. A curiosidade, no caso em questão, ressaltemos, da mulher, ludibriada é verdade pela serpente demoníaca, teria como objetivo derradeiro a imortalidade. Há, portanto, pela expulsão do paraíso, um limite traçado a esse conhecimento, um desconhecido que é imposto ao homem, a um só tempo invencível e oferecido à sua cobiça para o futuro.

Enfim, as genealogias enraízam-se nessa original procriação. Todos os três monoteísmos referem-se a esse texto bíblico, perpetuando essa sucessão. Mas o cristianismo fixa-se no modelo do romance familial: à Virgem Maria é dada uma criança divina que não terá descendência pela carne. Em conseqüência, não há mais prolongação da linhagem que termina em José: a grande mutação com o Cristo é a de uma filiação *espiritual* que dá ao cristianismo sua força de expansão, de conversão sobre o modelo de são Paulo, e de conquista.

Se os monoteísmos permanecem fiéis à estrutura patriarcal com um Deus demiurgo, a mitologia grega coloca inicialmente uma divindade feminina, Gaia, a terra, que procria sozinha o céu masculino, Uranos, com o qual ela engendrará os deuses e também, com outros de seus filhos, os monstros.

Mas, tratando-se da fantasia da cena originária ou do mito que lhe corresponde, fica evidente que o pensamento aí condensa, potencialmente para o primeiro, e de modo manifesto para o segundo, essa procura da causa e da origem que pelos ideais implicados leva à descoberta e à invenção. A metáfora poética, a de toda arte, é o fruto disso. A hierogamia torna-se a imagem fecundante dessa oscilação metafórico-metonímica que sobrepuja o desconhecido das origens infinitas.

> Foi reencontrada. O quê? A eternidade.
> É o mar que se foi
> Com o sol.
>
> (Rimbaud, *A eternidade.*)

Mas convém desfazer a inflação das teorias que incensam a "criatividade" ao explorar a ilusão, mesmo entre os terapeutas, de uma esperança fantasística pouco inspirada para criar. Mais que uma megalomania reativa, deveríamos ver nisso uma solução de facilidade que não se libera, mesmo no tratamento, dessa fantasia, fora da realidade e das estruturas simbólicas onde são testadas as experiências.

Castração. Sacrifício

Com o complexo de castração, os significantes enigmáticos relativos à diferença sexual são explorados para resolver mediante um remonte original a violência fundamental.

Como tive a oportunidade de expor no Colóquio de Mônaco de 1990[12] sobre o Pai, não se pode eludir a psicogênese na criança da *fantasia* de castração. A construção leva principalmente em conta suas reações próprias uma vez mais para com a derrelição: o poder absoluto dos pensamentos adquire sua expansão masoquista na demanda de amor dirigida à mãe: e para provocar este amor, sacrifício é feito do sexo, em sua função de prazer ainda à espera, e na medida exata em que é circunscrito pelos interditos e desejos enigmáticos maternos. O pai chega no momento certo como terceiro para focalizar e tomar para si essa pesada carga sacrifical, reforçada por todas as fantasias de castração na menina e no menino como ameaça ou como fato consumado: o pai que separa da mãe torna-se então alvo dos desejos de destruição, e em contrapartida, agente das violências e da castração em questão.

Vemos então a articulação entre a destruição, o aniquilamento, a morte, e a castração, esta sendo considerada como um mal menor que, além disso, pela submissão que a acompanha, está apta a obter, para além das necessidades, o amor.

Esse poder paterno absoluto, atribuível ao Pai Real uma vez que ele é idealizado, ligado à castração, só será reduzido, do Pai idealizado, às dimensões da fantasia pelo surgimento do Pai Simbólico, enquanto Pai Morto, mas liberado dessas violências de retorsão; esse poder pode também ser remetido ao Pai Idealizado mítico das ideologias e das religiões que se distingue do Pai Real.

Em todo esse roteiro, a castração vem evitar todos os enfrentamentos violentos, reais ou imaginários, cujo desfecho seria a destruição, de si, em lembrança da derrelição, ou do outro.

O que está evidentemente no cerne de todas as fantasias de castração é o anseio de morte, o assassinato do pai.

A evolução no tratamento não pode omitir essa confrontação entre a castração e a morte, para desmontar a solução fantasística, e para atingir a *finitude*, a de uma realidade quanto à morte, como àquela que resulta das leis simbólicas cuja função é de regular a violência. O desconhecido da diferença dos sexos, do outro sexo, longe de ser apenas um obstáculo ao alcance das fantasias, torna-se o próprio motor do desejo e do amor.

Mas é no plano do mito que são ainda mais bem desvendados os encadeamentos fantasísticos que tomaram forma na infância. O mito é particularmente precioso nesse campo para esclarecer essa relação fundamental entre a morte e a castração. Lembrarei alguns pontos desenvolvidos noutros trabalhos.[13]

Uma das orientações mais fundamentais dadas por Freud e Reik, e sem a qual esta questão continua sendo obscura, é que na origem destas construções encontra-se o desejo de vencer, de fazer desaparecer, de matar o pai. É preciso aqui perceber os encadeamentos sucessivos, mas nos dois sentidos entre o pai e o filho. De maneira geral, eles caracterizam o exercício de um poder autocrático e a submissão por ele exigida.

O esquema está do lado do filho: o anseio de morte em relação ao pai; a culpa consecutiva; o sacrifício castrador; a submissão e o respeito na memória de uma tradição a ser continuada. Mas inicialmente, repito, uma violência primeira da criança contra o que se opõe a seu prazer volta-se contra ela mesma, como poder absoluto do pensamento e poder sobre o mal, e sacrifício sexual, com, ao mesmo tempo, uma demanda de amor dirigida à mãe.

Do lado do pai o perfil comporta: uma autoridade que mata e que demanda todos os sacrifícios em troca de apoio e proteção, o da vida até na descendência, prova de que se admite o rigor do poder; a distância entre gerações manifesta-se através do interdito do incesto: sua transgressão implica, assim como todo anseio de morte para o pai, a morte do filho; mas por graça da autoridade, sistematicamente concedida para ser no entanto uma ameaça permanente e uma chamada à ordem contra toda revolta, essa morte é comutada em castração.

Essa cascata de sevícias a nutrir as fantasias de castração organiza-se no mito para vir embasar toda autoridade, mesmo que seja a do simbólico e da Lei que ordenam a marcha do desejo em face do desconhecido, isto é, em face do estado de fato, a ser admitido sem por quê, da diferença sexual e das gerações.

A Bíblia ilustra este desdobramento mítico da castração. Vimos que havia uma ameaça do homem que até Deus temia quando Adão e Eva são expulsos do paraíso (Gên. 3, 22). Encontramos de novo esta ameaça no episódio da torre de Babel (Gên. 11, 6-7).

Mas são os dois tempos da Aliança que fundaram os três monoteísmos abraâmicos. O primeiro é a instauração da circuncisão: Deus compromete-se em proteger, perpetuar e multiplicar a descendência de Abraão (assim chamado então de pai da multidão), logo em não destruí-la na medida em que ela aceita a Aliança, sua lei moral, e aquilo que Deus então exige, a circuncisão (Gên. 17, 1-14).

Freud mostrou, entre todas as interpretações, inclusive as dos psicanalistas que o seguiram, desde *Totem e tabu*, e até o *Esboço de psicanálise,* o sentido profundo desse ritual: ele vem em lugar de uma castração real que Deus poderia ter realizado, vindo substituir uma execução humana, mesmo da criança inocente, mas portadora de um anseio de morte original. Trata-se, justamente, sem abusar das palavras, de uma *castração simbólica*.

O segundo tempo da Aliança é o sacrifício de Isaac (Gên. 22, 1-24). Deus pede em "holocausto" ("em subida") a Abraão o filho único que lhe havia dado através de Sara. Era exigir a extinção de sua descendência. Abraão obedece, mas Deus segura seu braço, satisfeito com aquela submissão confiante: a Aliança é então redobrada pela promessa de uma posteridade inumerável, e de um poder sobre os inimigos.

Mas nesse sacrifício, que aliás não é consumado, o fiador do assassinato do pai não figura de modo algum, permanece virtual e mantido inconsciente pelo próprio fato de haver submissão de Abraão, mas sobretudo porque a execução é interrompida no último instante. A Aliança é portanto construída sobre o sacrifício que dá a posteriori seu sentido à circuncisão.

Com o cristianismo, o sacrifício realizado torna-se a figura central: a execução de Deus feito homem. Assim se revela o verdadeiro centro do mito: o assassinato do Pai Idealizado. Entretanto, embora seja inegavelmente Deus quem é morto, em razão da incidência da Trindade, é Cristo, segunda Pessoa enquanto Filho, quem sofre sozinho a crucificação. E ressuscita na glória no terceiro dia.

Essa descoberta do sacrifício consumado não requer mais os deslocamentos da castração e da circuncisão. Mais uma vez a sagacidade de Freud, em *Moisés e o monoteismo*, não se enganou nem um pouco: ela reconheceu no mito cristão a aproximação do centro fantasístico essencial realizada pela representação sem restrição, sem o recalque mítico anterior, do assassinato referindo-se efetivamente à pessoa do filho, que é todavia, na unidade trinária, Deus. E a operação cai definitivamente sob a responsabilidade de Deus mesmo que oferece seu filho, liberando assim, como aliás no judaísmo, a célula sacrifical de uma culpa esmagadora, unicamente humana. Mas não se deve desprezar o fato de que a abolição da circuncisão levou, pelo menos no catolicismo, às mais estritas restrições sexuais, como que por uma espécie de compensação, acrescida pela aura do sacrifício vital, e todavia, é preciso frisar, como escolha deliberada, de modo algum imposta, reservada ao clero.

Não voltarei aqui às funções do sacrifício segundo os três monoteísmos. Assinalarei apenas que a aliança selada por estes mitos comporta um tratamento da culpa de grande sutileza mediante condutas sacrificais sobre o modelo da vítima expiatória (Cristo principalmente), uma regulação da violência no interior da comunidade mas deflectida para o exterior, e o sentido do combate e da conquista militar pelo próprio sacrifício da vida. Além disso, podemos reconhecer nos dogmas revelados uma aceitação que, pelo sacrifício da razão, pode ser entendida como uma paranóia coletiva. Enfim, a relação pai/filho consolida a genealogia mediante uma vitória sobre a morte, aceita e vencida no sacrifício.

O Islã que retoma a circuncisão, mas sem um valor fundador da aliança, e numa idade que faz disso um rito iniciatório de passagem imposto e dolorosamente experimentado com coragem, vindo após o judaísmo e o cristianismo, exalta o sacrifício tanto na festa anual do carneiro (kurban) quanto durante a peregrinação a Meca e então numa referência maior a Abraão e Ismael. O sacrifício da vida inscreve-se por conseguinte num ideal militar de conquista que garantiu durante séculos as bases do império otomano, e para o qual a morte em combate assegurava o paraíso.

A confrontação da fantasia originária de castração e do mito sacrifical, numa interação particularmente forte, permite evidenciar as vantagens individuais e sociais na regulamentação da violência, desde o enfrentamento entre gerações e os laços sexuais, para o estabelecimento de uma justiça.

Os inconvenientes do sistema são o desenvolvimento do masoquismo e a exploração da culpa obsessiva.

Pois o originário aqui em causa alcança o desconhecido da *violência original*, aquela que destrói cegamente, aquela que mata, mas que também se volta contra si. Parece a pulsão de morte. Dos mitos e das leis o desejo emerge para avançar sobre esse desconhecido.

Sedução. Revelação

Entre as fantasias originárias que estamos examinando, a sedução ocupa um lugar à parte. Pressente-se que ela dirige a atividade da criança desde o nascimento, efetivamente porque não podemos imaginá-la sem uma interdependência contínua através da qual se reforça e se anima o desenvolvimento. Mas, além disso, ela toca o pensamento e os modos de comunicação e está assim no fundamento de toda exploração, inclusive aquela que perseguimos na atividade psíquica.

Apósos trabalhos de Laplanche podemos distinguir três ordens de fatos.[14] É antes de mais nada a própria *fantasia* de sedução cuja freqüência é conhecida, no quadro do complexo de Édipo. A relação transferencial mostra-lhe as molas propulsoras: na mulher, sob a forma do desejo e da fantasia de *estupro* ou de uma violência infligida, sexual ou não, a partir do pai, e, no homem, como uma *iniciação* por vezes buscada junto a uma mulher "experiente", a prostituta por exemplo, imagem invertida da mãe. De maneira geral, todas as manobras de seduções, ativas ou passivas, podem remeter a um ou outro dos pais. As lembranças da infância, no que trazem de significantes analógicos que constituem enigma, são freqüentemente interpretadas a posteriori como provas desta sedução: vindo da criança restam quase sempre apenas atitudes ambíguas ou um vago reflexo de intenções imprecisas e que não encontram fiador; vindo do adulto, a criança recebe uma mensagem enigmática quanto a suas balizas, paixão contra ternura como dizia Ferenczi, mas também convite a outras descobertas.

Segundo ponto, há decerto *seduções reais*, necessariamente interativas, entre crianças quase sempre, às vezes entre adultos e crianças, em graus diversos indo de uma potencialidade psicológica a atos proibidos. Essa realidade, incontestável, amordaça as construções fantasísticas pelo curto-circuito que cria. Ora, no adulto perverso, a transgressão reativa suas fantasias de criança que ele pode então representar num jogo especular.

Mas é sob um terceiro ângulo que a sedução revela seu originário fundamental. A longa maturação da criança coloca-a num estado de dependência onde se intricam três campos à espera de satisfação e progresso nos quais a realidade e os interditos servem de freio:

- A imaturidade *física* acusa o caráter imperioso das *necessidades* e assim o apelo à mãe. A criança está à mercê do adulto, de sua força, de seus traços psicológicos, de sua patologia: as mensagens relativas ao prazer/desprazer que podem ser emitidas em duplo entrave aumentam o caráter enigmático dos significantes em via de constituição.
- A imaturidade *mental* é progressivamente superada ao se levar em conta o princípio de realidade, o que supõe diferentes atividades psíquicas (atenção, concentração, memória) e sobretudo a aquisição da língua, permitindo a comunicação, tanto no plano analógico quanto digital, segundo o código dos pais, com as verificações de coerência metonímica e a dinâmica metafórica. Ainda aí a dependência é grande.
- Enfim, a imaturidade *sexual* torna por si própria dificilmente compreensível o que, pressentido no adulto, só é realmente experimentado, no corpo, sua fisiologia, com um atraso certo em relação aos dois desenvolvimentos precedentes, ainda mais que são menos rigorosamente proibidos. Ademais, as defesas da mãe, suas próprias incertezas sexuais provenientes de seus recalques, tornam suas mensagens especialmente enigmáticas — Laplanche revelou-o especialmente como uma determinação original — e influem nos significantes em via de organização da criança e os prolongam em sua inércia ambígua.

A sedução deve ser por isso entendida como aquele apelo ao(s) sentido(s) pelo desejo e a busca do Outro no eros, ou antes no amor. O desconhecido, se a derrelição e o ódio não embaralharem o acesso, é o de um *conhecimento* (que Bion destacou como categoria funcional) preso no corpo e na mente, na relação com o outro.

Colocaremos, pois, a *demanda de amor* como intermediário indispensável entre a necessidade e o desejo. Ela penetra na relação de progressão com a mãe e com o adulto, onde a *descoberta*, a compreensão, até mesmo a revelação, tornam-se prazer respondendo nestes últimos ao prazer da educação, para uma transmissão dos ideais.

A demanda de amor caminha junto com as idealizações e identificações cujos efeitos são encontrados na transferência analítica. Mas oferece em contrapartida sacrifícios quanto ao prazer imediato esperado, como vimos, para dobrar-se às diretivas do adulto. Não podemos negar o valor semântico de *corrupção*, como forma de afastar usos admitidos, que se liga à sedução: talvez se deva ver nisso, em geral mais do que condutas perversas, os meios de falsificar as recompensas e as punições, por seu abuso ou discordância, servindo os interesses egoístas imediatos dos pais, como que para forçar a obediência, até mesmo o amor.

No plano do mito, chegamos a uma característica importante das religiões. Todos os monoteísmos apresentam-se como uma *revelação*. O saber extraordinário registrado no Livro sagrado é uma transmissão *originária* feita por Deus mesmo. Essa revelação que desafia a razão é um caso de amor: com efeito, é porque Deus ama o povo que escolheu e distinguiu dos outros povos que dele espera um amor devendo manifestar-se por uma conduta moral, uma submissão à sua lei.

A Bíblia é inspirada: Deus fala aos homens, a Abraão, a Moisés, aos profetas. A Boa Nova é anunciada por Cristo, por sua fala, registrada no relato dos evangelistas. O Corão transcreve os ditos de Maomé que é ele mesmo levado numa viagem celeste.

Os livros tornam-se línguas sagradas, o hebreu, o grego e o latim, o árabe, o corpus de um saber intangível a pautar toda uma vida daquele que crê.

Ora, essa Revelação que supera toda lógica na comunicação com Deus, numa relação em que as representações mentais podem ser interpretadas como ídolos,[15] em que os mistérios são afirmados como tais no cristianismo, o da Encarnação, da Trindade, por exemplo, exige um sacrifício da razão que demonstra um amor onde os fiéis se identificam na aliança.

Esse amor que atravessa a sedução afirma a eleição, fora do comum, dos fiéis; está ancorado na fórmula: "Eu te amo; Ele me ama" que Freud colocava no centro da organização paranóica e que considerava (em *Psicopatologia da vida cotidiana*) na origem das superstições, dos mitos e das lendas. Essa paranóia coletiva, ligada às crenças dogmáticas (ao passo que a organização obsessiva pertence aos rituais) tem a vantagem de canalizar as tendências melancólicas (paranóia "retraída", como já afirmei) e as foraclusões individuais paranóicas para as realizações coletivas da comunidade assim construída.

São também conhecidas as seduções espirituais dos místicos em que o amor segue um caminho de sofrimento apofático rumo à iluminação. Certas cenas ilustram esses encontros divinos cujo alcance metafórico não esgota o mistério: Jacó em luta com o anjo; os peregrinos de Emaús; a conversão de são Paulo. A aparição é o produto dessa sedução de amor que culmina na surpresa da revelação. Não é por acaso que esses momentos foram representados por obras-primas: Rembrandt para o primeiro; ele ainda, ou Veronese, Maurice Denis, para a admirável inversão da emoção *reconhecida* a Emaús; Signorelli, Caravaggio para o terceiro. É de fato desse afastamento primeiro, dessa fragilidade dos significantes enigmáticos que, graças a essa sedução que faz o amor, advém a *inspiração*, com sua prevalência metafórica. A arte é a comunicação dessa sensibilidade no pensamento e nos sentidos. Mas toda descoberta segue tais caminhos.

Esses mitos de revelação, embora sejam o arcabouço de qualquer tradição que se transmita, não afastam no fiel um trabalho interior de compreensão e invenção; para isso contribuem poderosamente.

Podemos, é claro, adivinhar os aspectos negativos: as dependências superegóicas, as proliferações paranóicas, ou mais simplesmente as seduções espirituais dos mentores idealizados.

Para encerrar as confrontações deste terceiro sistema, direi que o mito acontece aqui pela revelação como solução para o trabalho de conhecimento, longo e laborioso, mas podendo ser em suas mais felizes ocorrências uma compreensão inspirada. O desconhecido irredutível é aquele mesmo que o real não mostra nunca: mas o desconhecido passível de ser conhecido é um limite do saber, cuja conquista, como a experimenta a criança, passa pelos significantes e a linguagem que asseguram a relação, a comunicação com o outro, num mútuo reconhecimento em torno da sedução e do amor. O originário é esse desconhecido abordado pela experiência em que a sexualidade não só concretiza a trajetória do desejo, mas serve também às conjunções metafóricas para a sublimação dos ideais.

O desconhecido revela-se como motor da inspiração, da descoberta, do conhecimento. A fantasia originária de sedução remete toda a incitação primeira à potência da mãe ou do outro.

Retorno ao seio materno. Morte. Imortalidade

O originário é manifesto na fantasia de retorno ao seio materno. Vejamos isso mais de perto. A teoria psicanalítica amplamente difundiu-lhe as representações através do conceito de *continente*. Uma das evocações mais correntes é que a estada intra-uterina assegura o mais feliz dos estados. À primeira vista, encontramos o prazer da ternura protetora que abraça, no sentido de ser tomado mas também de tomar entre os braços, conhecido pela criança e a mãe, e por aqueles que se amam sensualmente, e de que os anciãos solitários se lembram com saudade. Da mesma forma, os lugares propícios e as moradas familiares, o leito acolhedor, os meios amigáveis são continentes benéficos. Mas e o retorno ao seio materno? É apresentado como um acesso à mais perfeita beatitude: o feto é nele benvindo por um certo prazo, decerto sem preocupações ou problemas. Essa passividade absoluta, essa ausência de consciência, ainda que exista uma fraca percepção auditiva e proprioceptiva, está muito longe dos prazeres da existência com seu dinamismo, suas relações e explorações. Ela leva antes a pensar no sono sem sonhos, na segurança de um despertar. E a felicidade no ventre materno só é tão estimada porque corresponde ao que então predomina, isto é, a uma abolição das vicissitudes da existência por um *retorno*, isto é, por uma retração ao passado. Ora, a felicidade é no entanto indissociável de uma primeira *libertação*, para a mãe, mas também para a criança se concordarmos com Donald Meltzer que descreve o nascimento como uma invasão perceptiva maravilhosa. Além disso, as fantasias repertoriadas pelos kleinianos estão carregadas de grande agressividade para com os outros conteúdos, pênis do pai ou família inimiga, como de um reduto infernal.

O retorno ao seio materno abstrai-se portanto dessas considerações para lembrar-se unicamente das penas da vida, e para delas livrar-se numa paz total sem conflitos, sem parar todavia na insipidez e no tédio de tal estado. Mas é também a espera possível de um novo nascimento.

Aproximaremos disso as aspirações a uma profundidade, um soterramento, rumo à obscuridade, ao silêncio e à calma, rumo ao mais íntimo, representado pela descida a subterrâneos ou labirintos, e nas matérias ctônicas. A terra é um continente materno definitivo. Seu pó é o desfecho numa perenidade comum.

Vê-se, portanto, que os desânimos, as decepções e os arrependimentos mobilizam essas fantasias de retorno ao seio materno, como uma proteção absoluta que traz em si, entretanto, nessa atração pelo original, uma espera de nascimento novo. Ora, a reversibilidade do tempo, a inversão do barulho e do furor em repouso total deixam perceber uma mesma curva entre a vida e a morte nos dois sentidos. O desconhecido aqui é a morte que se pode dizer originária, de antes da vida como de um nada, da vida em potencial, e de seu fim. Revela-se assim uma figura dominante do *narcisismo*, a *da morte e da ressurreição*.

O mito correspondente, fica entendido, é o do paraíso. Mais uma vez, na Bíblia, remontamos à origem de uma estada edênica. Lembro que Adão e Eva que são de lá expulsos poderiam ainda, se os querubins não estivessem de guarda (Gên. 3, 24), voltar para comerem do fruto proibido, para *absorverem o pai* cuja árvore é o totem, e em conseqüência para "viverem eternamente". À morte adquirida fora do paraíso teria sucedido uma imortalidade. Já então se desenha a seqüência vida/morte/imortalidade.

No cristianismo, a escatologia paradisíaca implica a imortalidade da alma e sua manutenção para todos até no além. O nascimento, a vida, a morte e a ressurreição de Cristo no terceiro dia, após sua passagem pelo inferno para libertar os defuntos à espera, depois sua Ascensão celeste, constituem o modelo de esperança.

Essa imortalidade da alma (individual — V Concílio de Latrão, 1516-17) não admite exceção: estará completa com uma ressurreição dos corpos, glorificados para os justos, e somente incorruptíveis para os ímpios.[16] Ela conduz ao céu, junto a Deus, os humanos que respeitaram a lei, ao inferno, para a eternidade, os pecadores não arrependidos, ao purgatório aqueles cujos pecados veniais devem ainda ser expiados, e aos limbos as crianças não batizadas dos cristãos.

O Islã retoma esta valorização da vida futura para os justos que são recebidos numa eternidade de delícias.

A Grécia antiga havia também personalizado a vida após a morte inclusive numa viagem, numa passagem fluvial pelo Aquerão.

Logo, como para a fantasia de retorno ao seio materno, o homem reencontra o paraíso, esse continente materno onde reina Deus o Pai. Mas insistirei na importância da transição cuja virtude principal é aclimatar a morte: o segundo nascimento, a ressurreição, após um tempo de paz está calcado na experiência benéfica que temos todos do sono e na segurança narcísica de morte e ressurreição.

Ainda que não tomemos por referência uma vida eterna ensinada pelos monoteísmos, o retorno ao seio materno põe em lugar da morte um acesso ao Nirvana dos budistas, onde o aniquilamento da individualidade, recebida na alma coletiva, é uma bem-aventurada quietude. O equilíbrio é reduzido a zero pela abolição de toda excitação. Ao invocar um princípio de Nirvana, Freud ("mais-além do princípio de prazer", 1920) postula um prazer de aniquilamento de toda excitação, obra da pulsão de morte (*O problema econômico do masoquismo*, 1924): talvez se deva admitir que ele aí compõe seu mito para familiarizar a morte através de uma interiorização.

Acabamos portanto, tanto para o mito paradisíaco quanto para a fantasia de retorno ao seio materno, por conceber vias comuns para sobrepujar o desconhecido da morte.

Praticamente, essas crenças e essas fantasias comportam o risco de se perderem numa regressão narcísica, ou num isolamento que confina com a esquizofrenia, quando a morte se contenta com a derrelição original, ou ainda no ascetismo que é também uma preparação interminável para a morte.

Mas, ao inverso, uma sabedoria corrobora-se com o narcisismo positivo, trófico, e sabe encontrar nestes temas de retorno e inversão uma serenidade e uma felicidade, na própria vida, olhando de frente o desconhecido da morte.

Em vez de entendermos o eterno retorno de Nietzsche como uma ponte entre o nada anterior da vida, efetivamente detectável, e a morte futura, correspondência algo simplificadora que tem por certo o poder de serenar, melhor seria entender a reaparição deste desconhecido originário, *ágnostos theós* poderíamos dizer, como o objeto que desperta novamente o desejo numa busca sem fim do pensamento, para além das gerações.

Convergências. Interações

A convergência das fantasias originárias e dos mitos correspondentes entre eles faz com se reforcem em seus respectivos campos.

Assim, para as fantasias, o complexo de Édipo distribui-se na organização destas ocasionando uma afinidade especial entre a cena originária e a castração, enquanto que domina uma prevalência da imago materna entre a fantasia de retorno ao seio materno e a sedução. A aparição dessas representações ao longo da análise, seu modo de sucessão, em relação à sua potencialidade inconsciente informam sempre sobre o remanejamento dos introspectos.

Entre os mitos, a convergência é regulada com grande precisão pelas religiões monoteístas. Criação, sacrifício, revelação e paraíso de imortalidade estão sempre presentes num sentido originário. Desnecessário dizer que para cada uma delas os mitos constitutivos adquirem sentido e peso diferentes: entretanto, o sacrifício estruturado sobre a relação com o pai tem valor fundador e de aliança para os três. E uma convergência semelhante à das fantasias é encontrada nos mitos.

É preciso portanto ao terminar este estudo examinar uma vez mais a interação das fantasias originárias com os mitos correspondentes. Entenda-se que a considero numa reciprocidade constante. Conhecemos as fantasias através de um longo trabalho analítico que não deixa de concebê-las em estado nascente na criança, não só graças às lembranças do adulto, de modo algum negligenciáveis, mas também pela relação materna inicial trazida. *E, sublinho, essa elaboração primordial, intrínseca à criança, é irredutível em razão de sua longa maturação.* Caminha junto com seu desabrochar.

Poderíamos conceber que essa fantasística é induzida pelo sistema mítico em atividade no adulto. O que não pode ser recusado. A criança está em contínua relação com seu ambiente. Essa influência é sem dúvida original. Mas então, como podemos entender a constituição do aparelho complexo dos mitos? Certo, é possível datá-la, a ponto mesmo de dela fazer com o cristianismo uma baliza histórica. E, na sucessão das religiões, um remonte originário se impõe: de mais a mais, a mente pode estar fascinada pelas respostas imperiosas dadas a esses mistérios pelo próprio mito.

Mas a história, imaginária ou real, e a sociologia não bastam: não é possível desprezar a vida mental e só a psicanálise permitiu preencher o hiato entre a psicologia individual e a psicologia coletiva. No caso em questão, ela faz entender justamente as fantasias construídas nas relações iniciais da criança, e como Freud mostrou claramente, no eixo inevitável da sexualidade, a partir da qual se elaboram os mitos.

Ora, estes realizam uma transformação maior: a passagem às palavras, inclusive num escrito sagrado, organiza os significantes analógicos em sistemas digitais, onde o enigmático dos primeiros é transposto e recolhido nos mistérios religiosos assumidos pela metáfora do Deus Pai.

Não podemos por conseguinte eludir a idéia de que essas crenças explicitadas pela linguagem dos mitos com seus interditos e prescrições dão forma inicialmente, a partir dos pais, ao desenvolvimento das fantasias infantis. A tal ponto que devemos admitir que os roteiros dos mitos neles se transmitem. Assim retornam. *Estamos em condições de dizer que esse impacto religioso estrutura nosso mundo fantasístico, inclusive em sua descoberta e na compreensão que dela temos pela psicanálise, a ponto de ser dele um organizador fundamental e irredutível.*

E não devemos pensar que a detecção das fantasias originárias em suas relações com os mitos é facilitada quando uma distância é tomada em relação a crenças sempre familiares ou que permanecem soterradas após terem sido rejeitadas, e que estão ativas em paralelo, em duplo, e até no que chamei de transmissões "de duplicidade",[17] seja porque as guardamos por interesse por pertencerem a uma comunidade, ou porque agem inconscientemente? Essa particular faculdade deve ser considerada a respeito do próprio Freud, de suas descobertas, aliás de sua própria confissão, quando escreve ao pastor Pfister que a criação da psicanálise veio apenas de um "judeu completamente ateu".[18]

Em definitivo, o que as fantasias em questão e os mitos correspondentes nos revelam é a originária relação de desconhecido que a criança experimenta, de que toma consciência, ao se construírem seus significantes analógicos enigmáticos que são as primeiras balizas de sentido.

O entendimento do mundo, das relações e da comunicação, ocorre através dessas articulações significantes de coerência metonímica de onde emana e culmina a metáfora desde o primeiro maravilhamento manifestado pela criança em sua jubilação. *O enigma, e digamos o desconhecido, são esse originário* do qual surgem o sentido e a invenção, mas também o jogo, por uma oscilação metafórico-metonímica que será a da arte. E o caminhar dialético entre a metonímia e a metáfora faz a progressão das descobertas, as da ciência inclusive, e de toda experiência, que são o prazer de pensar e viver em busca do desejo.

A confrontação entre as fantasias originárias e seus mitos correspondentes mostrou suas fontes comuns em quatro questões. "De onde viemos? Que podemos? Que sabemos? Aonde vamos?", em que *se revela a intricação radical entre o originário e o desconhecido.*

• A cena originária conduz a uma *pro-criação* que não é apenas de sexo, mas que diz respeito até à origem do mundo. Esse remonte, como Mircea Éliade ressaltou com precisão, dá pelo "conhecimento da origem de cada coisa" um "domínio mágico sobre ela" e numa perspectiva escatológica, "a ciência do que acontecerá no futuro".[19] O "território desconhecido", "caos", "opaco" e "incompreensível", torna-se um "cosmos": "O Mundo revela-se enquanto linguagem. Ele fala ao homem por seu próprio modo de ser, por suas estruturas e ritmos."

• A castração implica com o sacrifício uma *violência fundamental* para a qual fantasia e mito servem para reduzir o desconhecido através de leis que animam o desejo, onde Reik rigorosamente mostrou em seu livro *Mito e culpa*[20] que o nó da culpa é o *parricídio* originário.

• A sedução está no cerne de toda relação com o outro, de amor e sexo, é claro, mas também de dominação, que põe em jogo a iniciação ou o aprendizado, a revelação ou a inspiração, a experiência, pela via do *significante*, analógico e digital, em que se dividem o desconhecido e o sentido, no pensamento, na fala e na linguagem.

• Enfim *a morte* está no centro da busca da imortalidade por um retorno ao seio materno que remete ao paraíso.

Mas, entre estas quatro orientações, a sedução merece ser destacada. Ligada diretamente ao desejo, é o despertar do espírito pelos significantes que dizem respeito ao desconhecido. Walter F. Otto, em seus textos sobre o mito, tinha visto muito bem que este "se tornou fala, pelo fato de ter-se tornado figura na fala".[21] De modo que é o poder unicamente da língua que precisa as relações entre a origem e o mistério,[22] esclarece enfim o próprio enigma da origem, enigma este que Hölderlin designava como "o que nasce de um jorro puro".[23] E é a possibilidade de atingir antiqüíssimas manifestações dos significantes para identificar e nomear o desconhecido e para disso tirar sentido, que dá esse gozo "poiético", de recriação. Entendemos que a língua é, "do mesmo modo que o mito, uma *maravilha*", e para retomar os termos idealizantes do autor, uma "epifania do ser".[24]

A psicanálise, esta experiência incomparável da fala, *na emergência dos significantes*, encontra para além dos mitos e das fantasias subjacentes, após tê-los identificado, e por meio específico da *transferência* onde ocorre efetivamente a sedução originária, o sentido próprio a cada invidíduo, onde se revela o desejo em sucessivas tomadas de consciência através de seus mecanismos mentais inconscientes.

Nessa procura que faz da psicanálise algo que não uma ilusão, uma ciência talvez, a realidade se constrói distinguindo-se da fascinação exercida pelas fantasias e os mitos ao mesmo tempo em que permite reconhecer tanto a função indispensável quanto a utilidade destes. E por certo, essa ciência, para a qual "seria ilusão crer que poderíamos receber de alhures o que ela não nos pode dar",[25] não pode nem fazer esquecer nem esgotar ou abolir as satisfações que a arte ou a religião, a filosofia ou a política proporcionam em seus projetos e ideais — isto dito para situar a relação de desconhecido nestes diversos campos como o motor que anima o desejo para uma *elucidação* do sentido sempre em devir.

V

SOLIDÃO: SUPLÍCIO OU SERENIDADE

Este capítulo situa-se no prolongamento de uma pesquisa que apresentei em dois textos bem antigos: Para uma psicopatologia da solidão (1961), retomado em meus *Ensaios sobre o simbólico* (1969), e uma "Reflexão sobre a solidão" (1984), exposta no II Congresso Mundial da Criança Isolada, em Saint-Denis de la Réunion.[1]

Condições gerais da solidão

Gostaria hoje de mostrar duas formas opostas da solidão: como suplício e como serenidade — mas sabendo suas relações e as passagens de uma à outra.

Antes de mais nada, cabe ressaltar os *paradoxos* da solidão, os quais acarretam quando não são superados um "duplo entrave" (*double bind*) que corresponde à injunção: "Seja você mesmo como o outro." Assinalarei três:

1. Em relação ao *outro* duas situações estão ligadas a contradições:

• Sem o outro há solidão na medida em que virtualmente há uma aspiração a reencontrá-lo. É possível falar de solidão sem o outro?

• Mas a solidão existe também em presença do outro, em grupo, no trabalho, a dois, e no casal. É a um só tempo a diferenciação e o solipsismo narcísico que bloqueiam as trocas.

2. Em relação à *comunicação*, a questão é apenas ter que exprimir ou guardar segredo mais íntimo, mais próprio, de si. Assim se impõe um campo incomunicável. A psicanálise, especialmente, explora pela possibilidade de tudo dizer, por mais difícil que seja, essa reserva mental.

3. Enfim, terceiro ponto, a distância a separar a língua da fala mostra que o sentido trazido pelas palavras, tal como é codificado

pela língua e o dicionário, encontra na fala, aquela efetivamente explorada pela psicanálise, uma rede metonímica e metafórica, própria a cada um em sua história e sedimentos de lembranças e cultura, que revela uma semântica pessoal e única superando amplamente o código linguageiro.

Importa saber pesquisar num passado que remonta à infância a origem dos caracteres e das perturbações que decorrem desses paradoxos e dos duplos entraves correspondentes. A relação com a mãe é de fato capital. Freud afirmava que para os dois sexos encontramos nesse primeiro objeto o protótipo de toda relação amorosa, e o mais poderoso dos amores.[2]

Os trabalhos de John Bowlby[3] permitem entender e precisar esta relação com a mãe ao distinguirem as etapas da ligação, da separação e do luto.

— Os modelos da *ligação* à mãe, a figuras (significantes) e substitutos objetais aparecem durante a vida inteira. O medo de estranhos no 8º mês é uma manifestação disso (ao passo que anteriormente a criança aceita sem inquietude qualquer rosto desconhecido, cf. vol.3, p.567). Dão lugar a fixações patológicas, mas se inscrevem igualmente num desenvolvimento normal em que a confiança sustenta a força dos laços para um gozo de reciprocidade.

— A *separação* é primeiro na criança causa de gritos e cólera na medida em que se manifesta uma falta que pode ser traumática. Várias considerações intervêm para explicar a *angústia de separação* consecutiva e que persiste: para Freud, é a ausência da pessoa amada ou ainda uma excitação sexual bloqueada (1895); a angústia-sinal aparece também quando um traumatismo conhecido deve ser evitado; observaremos igualmente a ferida narcísica temida (Spitz); e, segundo M. Klein, devem ser incriminadas as fantasias ambivalentes por terem destruído, devorado a mãe, o que dá uma angústia depressiva. Há ainda a angústia de perseguição em relação a uma mãe zangada e punitiva. Para Bowlby, trata-se sobretudo de uma ligação frustrada; cita W. James (1890) para quem "a grande fonte de terror na infância é a solidão".

— A *perda* é portanto o teste que permite, por um luto aceito, elaborado, assegurar uma separação sã, sem rancor nem destruição de qualquer afeição. O desligamento em relação à mãe ocorre entre os seis meses e três anos.

Entretanto, tal passagem pode ser alterada por perdas reais, pelo desaparecimento da mãe ou sua morte. Dessa alteração podem resultar ulteriormente "exclusões defensivas" patológicas em que a ambivalência marca toda relação quando, por exemplo, uma procura sistemática de autonomia se opõe a qualquer laço em vias de constituição.

A avaliação dos traumas é importante nestas perturbações pois a repetição destes acentua a fixação. Penso que convém detectar o trauma em três níveis: quando há falta de satisfação nas necessidades; na demanda de amor; e quando disso resulta uma incapacidade de sustentar o desejo, isto é, de abordar o desconhecido que se torna angustiante ou terrificante.

Tudo isso deve ser considerado em certas neuroses, nas depressões e no suicídio.

Enfim, Bolwlby assinala que essa carência em assumir a perda pode ter repercussões ulteriormente enquanto perturbações das funções parentais, ou no casamento (vol.3, p.575).

Uma ampla avaliação da seqüência ligação/separação/perda é obtida a partir das lembranças e das fantasias, principalmente das fantasias de destruição, e dos anseios de morte, que importa revelar ao longo de uma análise.

Entretanto, o desenvolvimento desta seqüência deve ser entendido num movimento dialético: a separação, a perda do objeto e o luto não abolem toda ligação, esta se acha transformada numa relação mais maleável que assume afastamentos e inclusive um sofrimento factual para guardar, ao menos na lembrança, através de uma imagem, ou nas relações reais, balizas benéficas.

A oposição examinada aqui entre suplício e serenidade implica três comportamentos em relação à solidão:

- sujeitar-se a ela quando imposta por outrem, pelos outros (e nesse caso trata-se de enfrentar o sofrimento);
- impô-la ao outro (para nele criar um mal);
- ou buscá-la, seja porque tem um efeito benéfico e que a serenidade se oferece positivamente; seja, ao contrário, para aí encontrar um sofrimento masoquista.

Suplício

O sofrimento moral, vivo a ponto de tornar-se suplício, é uma alteração da dor normal que podemos ter por estarmos separados daqueles que amamos; além disso, um acréscimo de sofrimento instala-se quando o mínimo afastamento, a mínima falta numa relação nos faz sentir a incompreensão que é para nós como uma solidão cruel; as coisas vão ainda mais longe quando a busca dessa solidão torna-se a fonte principal de uma dor prolongada.

A. Assim, devemos considerar primeiramente a solidão para si mesmo, *experimentada* ou *buscada* como suplício.

Esta situação resulta, em primeiro lugar, de uma *ligação impossível*, que não se pôde instaurar na infância, daí uma falta de confiança, chegando até a uma desconfiança paranóica; a falta de uma relação estabelecida com um bom objeto tende a um isolamento doloroso e mal assimilável, podendo ser acompanhada de um sentimento de estranheza. Em segundo lugar, ao contrário, uma *ligação insuperável*, por uma fixação irredutível à mãe, torna penosa a mínima distância do objeto privilegiado, quando, por exemplo, o pai ausente ou estranho, ou sobretudo afastado pela mãe, não constituiu um terceiro pólo de liberação.

De modo que toda separação torna-se impossível. Todavia, isso não exclui tentativas de distanciamento quanto à mãe, desajeitadas, abortadas, e sempre dolorosas.

Nessas condições, instala-se uma grande sensibilidade às perdas e aos traumas.

Melanie Klein mostrou em seu artigo "Sentir-se só" (1959)[4] os fatores evolutivos que intervêm no acesso à solidão. Ela insiste na insegurança *paranóica* dos três primeiros meses que acarreta angústias destrutivas, as quais são encontradas inclusive no sujeito normal e "fundam o sentimento de solidão". Assim, a clivagem entre um bom e um mau objeto acarreta uma inquietude para com a mãe ameaçada por um desaparecimento; por introjeção do mau objeto, o sujeito sente-se dentro de si só e abandonado. Ulteriormente, a constituição de um Supereu severo rejeitará as pulsões destrutivas, daí culpa e inquietude, solidão aumentada. É, pois, a integração de um bom objeto que dá confiança e segurança. Disso decorre uma idealização que requer todavia, para uma integração mais completa, uma des-idealização secundária, isto é, uma perda das ilusões onipotentes relativa tanto ao objeto quanto a si: ainda aí surgem sentimentos de solidão.

Klein insiste na importância de um bom objeto constituído para ser vencida a solidão; é a possibilidade de sentir-se compreendido e de compreender o outro e desde a pequena infância antes mesmo do uso da fala, no pré-verbal (direi por meio dos significantes analógicos, de demarcação). Pela possibilidade destas trocas, "a alegria está ligada à gratidão", escreve ela, na "relação entre a capacidade de receber e a de dar".

Para essa autora, as psicoses dependem de uma carência de interiorização do bom objeto, daí um sentimento de solidão que se torna suplício: assim ocorre na esquizofrenia em razão de um eu em pedaços; assim igualmente na psicose maníaco-depressiva onde o bom objeto é impossível de ser guardado e sobretudo de ser reparado, o que acarreta um ódio destruidor, podendo levar ao suicídio.

De minha parte, a fim de ajudar a compreender a dificuldade em suportar a solidão que se torna um suplício, mas também sua procura dolorosa, insistirei nas *fantasias de destruição* onde os anseios de desaparecimento que visam o outro valem por anseios de morte. Acontece dessa mera idéia ser considerada, por um poder absoluto do pensamento, como uma realização. A culpa é atiçada, exigindo então reparação ou conduzindo à depressão, principalmente se a morte de certas pessoas efetivamente ocorrer.

Essas fantasias estão longe de ser raras, mas muito especialmente recalcadas, ou escondidas: o trabalho analítico deve em conseqüência saber detectá-las. Dizem respeito aos próximos, aos membros da família, o que torna mais sensível o remorso. E se houver *identificação com o agressor*, esse retorno sobre si mesmo chega até a provocar um ataque contra si mesmo, contra a criança maravilhosa que imaginamos ter sido. A solidão buscada é então uma proteção contra uma agressão que vem do outro em resposta às fantasias de destruição e ao mesmo tempo uma autopunição.

Gostaria de acrescentar um outro ponto: numa relação edipiana, a sexualidade começa por ser e poder permanecer incompreensível para a criança. Particularmente obscura e inquietante, é então rejeitada nas relações com outrem que poderiam confrontá-la com um *desconhecido* recusado: o isolamento e a solidão servem então para fugir desse desconhecido capaz de atormentar.

Ora, nestes diferentes percursos da solidão, fica claro que um lugar especial deve ser aberto para o masoquismo que determina as condutas de isolamento (mais que um recurso teórico simplificador à pulsão de morte). É seguramente o efeito da autopunição produzida por uma culpa intensa devida às fantasias de destruição e às condenações do Supereu. Um círculo vicioso impõe-se quando a demanda de amor torna-se imperiosa para encontrar uma prova de perdão: a carência de resposta adequada a esta demanda só faz crescer a culpa. Mas sobretudo o masoquismo torna-se então uma saída privilegiada porque se torna um domínio ativo que prova o poder absoluto já que nós mesmos nos fazemos sofrer, na escolha pessoal e na intensidade das penas. E a sexualidade, desde o interdito edipiano, encontra-se eletivamente sacrificada por essa via autônoma, mantendo as fantasias de castração. Ora, esse domínio pesa muito: ao se transferir essa carga para o pai como castrador ocorre um deslocamento liberador,[5] mas também uma dependência, ainda que o pai seja reconhecido como um representante simbólico da lei. A evolução ulterior acontecerá da melhor forma possível por uma libertação quanto à castração, sem cair numa resignação, e sem volta a uma culpa masoquista: o resultado dessas liberações será um acesso à *finitude* ao mesmo tempo que o reconhecimento da realidade e da morte.

Entendemos que essa patologia da solidão é encontrada na maioria dos quadros clínicos.

Assim, no isolamento *fóbico* (a agorafobia) ou, ao contrário, na claustrofobia, onde o desejo de relação com os outros é sistematicamente invertido, mas tampouco deixa de se manifestar por aí, onde a proteção de um território espacial ou cultural leva a temer ser vítima, logo revela *ao contrário* o desejo de sê-lo, a operação masoquista tem um poder maior.

A solidão dolorosa está também no cerne do *luto* e da *melancolia*. É sabido que existem lutos que permanecem arraigados, sem resolução durante anos, mantendo o ser perdido como numa cripta (Abraham e Torok). A solidão do luto é acentuada pelos ressentimentos culpados. Foram descritos também "rituais de isolamento" na viuvez, que atinge, sabemos, cinco vezes mais as mulheres que os homens. As mágoas aqui sentidas são por não se ter ajudado suficientemente o desaparecido, quando vivo, e por não ter procurado se comunicar com ele.

Na *melancolia*, na qual a identificação com um mau objeto tornado perseguidor sugere, como afirmei em outras ocasiões, que se trata de uma paranóia "recolhida", a solidão invasora é uma rejeição de toda relação, solidão, pode-se dizer, em face da morte, que culmina no suicídio. São os desabamentos dos ideais, individuais, de potência física, de saúde, as perdas de amor, as feridas narcísicas, ou coletivos, que ativam o mau objeto em si num ódio destruidor. O suicídio visa provocar a culpa ou o ódio dos próximos e dos sobreviventes; mas também suscitar a inveja daqueles que não ousam cometer tal ato; ou ainda, para os mais jovens, abolir a transmissão de geração.

Em resumo, tanto o sofrimento agudo na solidão quanto a busca desta são devidos a mecanismos masoquistas sofisticados onde o *desejo* é desviado da sexualidade e da relação com o outro para evitar o desconhecido destas e centrar-se em outros "objetos de perspectiva" portadores de um outro desconhecido especialmente ligado a uma *ausência enigmática* explorada pelo jogo da culpa.

B. Temos agora que considerar, no outro sentido, o *suplício de solidão imposto a outrem.* O sadismo explora então as fraquezas e o masoquismo do outro. Freqüentemente, aquele que sofre numa situação invencível inspira a rejeição mas com retornos de culpa contra os quais sistemas coletivos de controle tornam-se necessários.

Tratei outrora dessa focalização agressiva sobre uma vítima expiatória mostrando o quanto o modelo da criança maltratada, inclusive martirizada, justamente em razão de sua fraqueza, provocava horror à violência e piedade; essas práticas entravam ao mesmo tempo em condutas sociais repertoriadas de execução e em mitos religiosos, os do monoteísmo particularmente.[6]

Quanto ao assunto em questão, a solidão, esses comportamentos de afastamento vêm acentuar um isolamento que decorre do estado de dependência: a criança pode ser recebida como estando à parte do mundo dos adultos, e mesmo como algo que incomoda, talvez até como um elemento perturbador da vida diária; o adolescente, ademais, tende a se colocar ele mesmo à margem a fim de encontrar sua identidade, sua independência.

Mas é freqüente ver como evitamos espontaneamente aqueles que sofrem, talvez por razões de proteção pessoal, o que é quase sempre corrigido num segundo tempo por uma compaixão que se entrega aos cuidados caritativos.

Há primeiro os doentes: são isolados, provavelmente para serem mais bem tratados, para evitar contágio, e mais geralmente o contato com um corpo machucado, feridas ou males repugnantes: na verdade, é a imagem da morte a surgir que causa repulsa. Os próprios doentes, aliás, voltam-se para dentro de si, conscientes das reações daqueles que os temem.

Mas uma ajuda psicanalítica é hoje eficaz para aqueles que sabem ter contraído um mal mortal; tive essa experiência: um canceroso pode ser acompanhado em fase terminal até uma morte pacífica; um homem com Aids pode ter a possibilidade de continuar suas atividades (era um contra-tenor que não encerrou prematuramente os concertos que o faziam viajar pelo mundo).

Mas a idade, a velhice, em razão da impotência física ou mental, suscitam igualmente um afastamento. A aposentadoria ditada pelos anos, mesmo sem degradação, é exigida pelo impulso impaciente das gerações.

Enfim, a patologia mental entra facilmente no círculo vicioso do isolamento de proteção por si mesmo e de ataque pelos outros. Quer se trate de neuroses (a neurose obsessiva principalmente), de narcisismo "retraído", ou de psicose, esquizofrenia desrealizante ou paranóia (na qual a rejeição se afunda, de maneira voluntariamente nefasta, num sistema persecutório), a solidão torna-se uma experiência deletéria.

E desde a célula familiar, entre pais e filhos, entre irmãos e irmãs, manifesta-se um uso do isolamento em que encontramos os procedimentos de agravamento a respeito dos paradoxos e do duplo entrave que apresentei há pouco e como uma das ações que H. Searles descreve mais amplamente sob a rubrica "Deixar louco".[7] Estes comportamentos, de grande variedade, até em relações normais, podem adquirir uma intensidade repetitiva que incita ao isolamento. A comunicação paradoxal consiste em estimular e frustrar simultaneamente ou em alternância rápida os desejos; em manifestar mudanças de afeto, de humor, bruscamente; em negar que estamos com raiva; em pedir para ser ajudado e depois rejeitar a eventualidade; ao inverso, em querer ajudar e em recusá-lo; em favorecer os conflitos e em anulá-los imediatamente. De modo que não sendo mais confiáveis nem a fala nem a comunicação por significantes analógicos, o paradoxo fixa-se na fórmula: "É preciso estar só e com alguém."

Mas o isolamento imposto torna-se uma arma quando resulta de uma ação coletiva que leva a afastar uma vítima que podemos dizer "expiatória" na medida em que o regime imposto, de colocação fora de circuito, pela supressão de toda relação e comunicação, equivale a fazer desaparecer, à matar socialmente alguém. O excesso e a convergência desses comportamentos coletivos não acontecem sem serem seguidos de uma certa culpa, surda e não formulada, que vem além disso reforçar a aliança do grupo já adquirida por um acordo quanto às queixas guardadas em relação a essa vítima. E, contanto que estas sejam vãs ou artificialmente majoradas, até mesmo designando apenas inocentes, o remorso vê-se acentuado.

O que se deve frisar nesses acordos coletivos é que a operação de afastamento acontece especialmente quando a comunidade está *em crise*: a aliança a ser reativada exige então uma projeção dos males sobre a vítima expiatória responsabilizada pelas dificuldades encontradas, a culpa conseqüente vindo reforçar a aliança.

A escolha da vítima recai sobre sujeitos ou já predispostos à solidão por causa de suas tendências psicológicas, ou simplesmente em razão de sua *diferença*, cultural, religiosa, econômica, social ou mental. E qualquer comunidade, até científica, pode acabar por fazer tais manipulações; o que resulta quase sempre, a fim de isolar tal mentor que se tornou intolerável, em cisões que, ao se repetirem, fazem proliferar as exclusões.

Numa sociedade organizada, a oposição entre maioria e grupos minoritários nutre isolamentos cultivados, voluntários de um lado, impostos do outro. E nos enfrentamentos sociais e religiosos, no racismo, onde as exclusões, o ostracismo, até mesmo as excomunhões, são cruéis, o isolamento coletivo torna-se um sistema de proteção que se transforma num suplício mantido pelos adversários, seguido por vezes das piores brutalidades. As deportações, os campos de concentração foram as formas extremas desses encarceramentos coletivos. Enfim, a prisão (condenação todavia legal de delinqüentes e criminosos) e o isolamento imposto foram utilizados nas técnicas de "lavagem cerebral".[8]

Serenidade

Mas felizmente a solidão passa a ter valor benéfico se a evolução da criança tiver sido favorável graças a uma introjeção do bom objeto *assegurador*. A experiência vivida de poder ser compreendido e de começar a compreender o outro desde o estádio pré-verbal faz da solidão uma parada que estimula as relações na reciprocidade.

A experiência do tratamento analítico elabora efetivamente uma solidão experimentada na transferência onde a comunicação e os sentimentos revividos, suas transformações, são balizas preciosas que a memória recolhe e reativa.

Winnicott teve o mérito, em seu célebre texto, "A capacidade de estar só" (1958),[9] de assinalar a importância de uma situação experimentada pela criança, a de poder brincar longe da mãe, em seu ambiente, só, e sem mal-estar nem excitação acrescida ao prazer. Isso supõe que a mãe seja, por sua vez, sem excesso de atenção ou de inquietude, suficientemente boa, segundo a fórmula consagrada. Uma mãe protetora desse jeito garante uma existência ininterrupta, uma continuidade de ser,[10] à criança que se inscreve numa relação a três quanto ao pai. Tal capacidade de estar só na brincadeira deixa uma lembrança particular que o adulto guarda de seus anos jovens.

Winnicott vê nisso a fonte de abertura a uma relação de confiança, à amizade, assim como, na análise, à transferência positiva, e às diferentes experiências, que chama de "orgasmos do eu", de um prazer sentido nos contatos humanos, espetáculos, concertos.

A serenidade da solidão supõe portanto uma superação do ódio em direção ao amor, uma relação diversificada com o objeto, um deslocamento dos investimentos do eu sobre os outros.

Nesse desenvolvimento, citarei a importância do "duplo imaginário" como etapa constitutiva na solidão de um companheiro imaginário: um analisando lembrava-se de que quando criança, passeando com a mãe, pedia a esta para voltar em casa para buscar "Pierre Revel": como era filho único, havia inventado este nome, a partir do próprio prenome, e de um patronímico de desdobramento (RE, em que desponta o sonho [*rêve*], e o que ele revela). E indicarei nesta invenção uma preparação significativa da atividade criativa desse homem e que não é raro observar em outros casos.

A solidão benéfica pode ser compreendida como fazendo parte de um *ritmo vital*, comparável ao da vigília e do sono. E sabemos o suplício que pode tornar-se, inversamente, o isolamento impossível, no trabalho ou na vida quotidiana, até a intensidade de um assédio.

A solidão a dois, com uma "alma irmã", e no casal, que reproduz o acordo e a fidelidade tranqüilizadora dos pais, é decerto uma das alegrias do amor, desde que não se torne, como freqüentemente, um retraimento egoísta e defensivo, até mesmo uma relação sadomasoquista.

O que me parece importante nessa serenidade da solidão, quando é atingida, são primeiramente as satisfações nela encontradas por um narcisismo que chamo de *trófico* (ao oposto de um narcisismo "retraído"), porque entra numa capacidade de elaboração mental e de descoberta. Mas isso implica sobretudo um *liberação do desejo* tanto da necessidade quanto da demanda de amor, desde as experiências infantis. A criatividade, a epistemofilia orientada para as descobertas, no sentido mais simples, mais prosaico, de encontrar o inesperado, e o único, num momento, de receber e sentir um prazer dos sentidos e do pensamento, apóiam-se nesse *alcance* do desejo. Pois são assim movidos na própria solidão laços potenciais com outrem, com ideais comuns, encarnados em imagens idealizadas, pessoas amadas (dentre elas o Pai idealizado segundo seus avatares). Esse trabalho, esse prazer do pensamento, na leitura, no estudo ou na pesquisa, exige essa serenidade da solidão onde se tecem as trocas mentais entre o leitor e o autor, sua obra, e os outros leitores eventuais.

Essa serenidade da solidão caminha necessariamente junto com uma *aceitação da relação de desconhecido trazida pelo desejo*. Este é o ponto capital. Ao invés de um temor defensivo e do suplício masoquista que se esforçam por excluir ou recalcar certos objetos do desejo com seu desconhecido próprio, nessa prática da solidão onde a serenidade é adquirida, a atividade de pensamento recebe e procura o desconhecido em todos os campos possíveis, logo até seus limites extremos aos quais conduz o desejo, com certeza em alguns de seus objetos fascinantes, e por essa razão privilegiados, portadores de desconhecido e estimulando a busca.

Sublimações

O elogio da solidão serena, encontrada nas atividades culturais, em suas explorações, ou na jubilação estética, foi feito abundantemente tanto pelos escritores quanto pelos filósofos e teólogos, estes integrando-o numa relação com um ideal ou com Deus.

Um rápido exame dessas sublimações em que o desejo penetra por vias que prolongam o eros para um além onde se encontra a morte, e enfrenta a lei até poder transformá-la, põe-nos diante dos ideais sociais recebidos, com seu potencial de evolução.

A mais antiga tradição, na China com Lao-tsé e o taoísmo, Confúcio (no século VI a.C.) e na Antigüidade greco-romana e seus prolongamentos, com Epicteto, Marco Aurélio, os estóicos, sempre valorizou uma solidão que leva a mente a se libertar dos bens deste mundo e de suas cadeias.

Os três monoteísmos preconizaram esta escolha completando-a evidentemente pelo exercício do silêncio: é o meio de se afastar dos prazeres que distraem das aspirações religiosas baseadas numa relação com Deus e nos fins derradeiros. Tomarei apenas algumas breves balizas de referência.

No judaísmo, uma cena paradigmática é a de Elias que vai para o deserto e cujo encontro com o Senhor é assinalado por "uma voz de fino silêncio" (1 Reis, 19/12).

E o cristianismo cultivará o eremitismo dos anacoretas, depois o monaquismo com os conventos onde as celas fechadas puderam tornar-se "reclusórios". Os místicos, como são João da Cruz, viviam uma travessia solitária, uma "Noite obscura", para chegarem a Deus.

A *Imitação de Jesus Cristo*, obra particularmente austera, num capítulo intitulado "Do amor da solidão e do silêncio" (liv.1, cap.XX) deixa ver bem o espírito que animava essas diretivas. A solidão e o silêncio deviam levar, por um anti-intelectualismo que reprova as vaidades do saber, da curiosidade e dos prazeres, a uma humildade plena de compunção, de tristeza e gravidade, à prece e à caridade dedicando-se a amar o Cristo.

Enfim, no Islã, citarei na contribuição do sufismo o pensamento de Halladj, que designa "o essencial desejo" no cerne do amor divino; para atingir isso, uma progressão deve ser seguida, desde um insulamento fechado" *(tafrîd)*, embriaguez interior, até a grande solidão divina *(ifrâd)*, onde o amor como dom é um insulamento aberto" *(infirâd)*, assumindo todo sofrimento.[11]

Dois autores mais próximos de nós, grandes adeptos da solidão, revelam-nos singularmente os mecanismos que corroboram sua opção.

O primeiro, Schopenhauer, defendeu, em seus "Aforismos sobre a sabedoria da vida",[12] um modo de existência que despreza toda atividade em comum, toda excitação dos prazeres, venham do vinho ou das viagens. Devemos bastar a nós mesmos e encontrarmos assim nossa própria liberdade onde a calma e a serenidade pertençam ao que se pode chamar de elitismo intelectual da solidão. É conhecida sua imagem dos porcos-espinhos para os quais toda aproximação só pode ser feita a boa distância. Cita também esta frase de La Bruyère, encontrada igualmente em E. Poe (em "O homem das multidões"): "Essa grande infelicidade de não poder estar só." E é claro, Petrarca e Chamfort, Saadi e Angelus Silésius (e sua atração pelo deserto) são invocados em socorro.

Essa maneira sã de viver tem sobretudo para Schopenhauer a vantagem incomparável de levar a uma velhice tranqüila com faculdades mentais preservadas e sempre vivas. Com isso, uma verdadeira "eutanásia" poder ser esperada, isto é, uma morte fácil, de forma alguma devida a doenças e a seus sofrimentos, mas resultando apenas da velhice, morte que só deveria vir aos noventa anos, quem sabe aos cem.

Essa grande misantropia de Schopenhauer visa antes de tudo a morte para a qual se desdobra todo esse sistema defensivo de privações.

Outro escritor, muito sedutor por suas visões pouco convencionais e por seu humor, John Cowper Powys, nos propõe *Uma filosofia da solidão*[13] que desenvolve sua concepção do "elementarismo". Trata-se de dirigir toda a simpatia para os elementos, de centrar neles uma contemplação, na pedra, imutável e inanimada, espécie de esqueleto universal. Um "êxtase premeditado"[14] liga-se assim ao mistério da materialidade que se revela por essa via enquanto acesso ao *desco-*

nhecido (sublinho, é claro, esse termo por ele empregado). Por certo que essa orientação para a matéria, a terra, que exclui categoricamente qualquer interesse pelo sexo, não deixa de mostrar em filigrana a Mãe. Powys, primogênito de onze filhos, encontrou serenidade na contemplação da natureza, alcançando um veio seguido pela maioria dos poetas. Seu destino teria agradado a Schopenhauer: morreu aos noventa e um anos.

Todos os aspectos sublimadores da solidão mostram bem que como serenidade ela é uma conquista que acompanha o trabalho do pensamento, torna-o eficaz, embora não exclua uma presença virtual do outro. Embora evite, transitoriamente, certos prazeres imediatos, favorece um caminhar do desejo em que o desconhecido é enfrentado no extremo alcance do pensamento, para a procura e a descoberta, mas também para apreender uma barreira, o limite atingido com um *desconhecido impossível de ser conhecido.*

A prática da contemplação, aplicada às obras, e da meditação no exercício da reflexão, chega a esse desconhecido tanto pela evidência das vaidades quanto no pensamento da morte, desde a dos lutos vividos até à da derradeira antecipação. Aceitar o impossível de ser conhecido é reconhecer a *finitude* humana, que provém, como indiquei, de uma fantasística da castração e de toda resignação induzida por uma culpa masoquista. Tal face a face com a morte, ou o nada, é questão de lucidez. Mas o homem tem ainda a tentação e o poder de pôr em jogo a própria morte, como desafio supremo, nos combates, nas façanhas perigosas ou na solidão final do suicídio ou da morte mental. E quase sempre para conquistar o desconhecido do desejo ele se volta para os objetos de perspectiva que se oferecem com os *ideais*, e que lhes são específicos, os da religião e dos mitos, da estética ou da política, da filosofia ou da ciência, para a isso dedicar a vida, num próprio impulso de uma serena solidão.

VI

O NEGATIVO E SEU LÉXICO

Existe em psicanálise uma constelação de termos técnicos, construídos, a partir mesmo do inconsciente, com um prefixo típico (*in, des*, correspondendo a *un*, em alemão), que mostra a importância especulativa do *negativo*, ao oposto do positivo fixado por um pensamento empírico, intuitivo, "naturalmente" arredio à subtração ou à carência.

Buscarei expor estes vocábulos que adquiriram, a partir dos textos freudianos, e especialmente através das traduções em francês, um valor, uma significação nova em função de uma elaboração teórica e prática. As palavras assim empregadas atendem a uma necessidade de exatidão. As definições que lhes correspondem são tidas umas e outras por diferenças precisas. Uma preocupação com maior exatidão traz necessariamente variações, nuanças, uma *deriva* também, que pertencem ao pensamento freudiano e atestam sua vitalidade.

Negativo

Este termo geral traz uma marca, um signo (-) que é quase sempre, num primeiro entendimento, pejorativo. Indica nas coisas as operações, os mecanismos, uma *falta*, um constrangimento, um atraso, uma interrupção (em relação a uma continuidade), uma impossibilidade — o inexprimível, o indizível —, uma *perda* de força, de energia (poderíamos mesmo dizer para uma corrente elétrica contínua, com seu pólo negativo, de retorno, em direção à vazante), uma importância mínima (baixo, pouco e menos em relação a alto, muito e mais) e quanto ao valor (o preto, o obscuro opostos ao branco, ao claro).

Já se pode notar que pressupostos ideais e morais, conforme as esperas e os desejos, dirigem esta separação em positivo e negativo, e de maneira geral entre o bem e o *mal*. Enfim, todo desejo responde efetivamente a uma falta.

Podemos constatar três níveis de manifestações progressivas do negativo, seguindo as indicações de Jean Hyppolite relativas ao pensamento hegeliano.[1]

1. Na diversidade (empírica), a identidade, a unidade imediata distingue-se, diferencia-se dessa diversidade, a multiplicidade exterior, "o resto": essa coisa em relação ao que *não é* ela. A determinação é negação, como afirmava Spinoza.

2. Na oposição, a diversidade torna-se *dualidade* onde cada coisa se liga a seu outro, numa diferença comum. Assim, a diversidade se reflete no sujeito sabedor. A diferença é então intrínseca à coisa, como oposição não apenas subjetiva, mas objetiva. O sujeito situa-se em função do Outro, em *seu* desejo.

3. E com a contradição, a diferença interna ocorre na oposição entre o *positivo* e o *negativo*, numa solidariedade completa, um não subsistindo sem o outro.

Assim se reconhece o lado positivo da contradição, do negativo, por uma *negação da negação*, isto é, pela *negatividade*. É a mediação fundamental. (E o "singular não é o universal", inverte-se por uma negação de cada termo em "o singular é o universal".)

Para a psicanálise, este movimento dialético confirma-se no *trabalho do negativo*, para qualquer *passagem* ou *mudança*: é a dinâmica mais fecunda que vai no sentido de uma elucidação do desejo em relação ao Outro e ao desconhecido. Poderíamos mesmo designar conforme estes três tempos, os do recalque originário quanto à diversidade, da projeção e da identificação projetiva quanto à oposição, e do conflito quanto à contradição.

Estamos assim em condições de avaliar e fazer evoluir as questões referentes à identidade de si, à relação com o Outro, às identificações, e aos efeitos do Supereu, do recalque e dos *mecanismos de defesa* (onde, nesse termo, podemos entender forçando a etimologia o prefixo "des", -de, des-, que significa distanciamento, separação, privação). Toda resistência é também manifestação do negativo, de uma recusa. Mas temos igualmente que seguir as inversões pelas quais efeitos positivos vêm do negativo: a defesa, a resistência manifestam-se como proteção que obra num sentido vital.

Estas inversões devem, pois, ser entendidas em dois sentidos contrários: como indo ao positivo, a partir de uma defesa ou um recalque, enquanto etapa evolutiva, ou ainda por uma colocação em suspenso, uma ruptura que permite apreender o desconhecido e por conseguinte encetar uma busca, uma questão, de que podem nascer uma progressão, uma mudança; ao inverso, ir ao negativo pode ser a dominação de uma desvalorização depressiva, o reforço das defesas, ou uma estabilização na inversão contínua que sustenta a dúvida cética ou obsessiva, até mesmo o duplo entrave insolúvel.

É evidente que a valorização idealizada, teórica da mesma forma, pesa num sentido ou no outro: termos como narcisismo, identificação projetiva, até psicose (exceto a paranóia), nos trabalhos teóricos atuais podem ser considerados como momentos evolutivos fecundos e tornarem-se assim conceitos de potencialidade positiva.

Com *a pulsão de morte*, por exemplo, essa mesma inversão tem lugar conforme as teorias reivindicadas: no dualismo pulsional estrito pela intricação com a pulsão de vida; mas se considerarmos a pulsão de morte como mito biológico, ela é então tanto no plano teórico quanto clínico uma suspensão, uma parada quanto ao pensamento da morte, quanto à morte, a partir do que uma busca epistemofílica reconhecendo a relação de desconhecido permite invalidar explicações por demais fáceis ou sistemáticas, a da pulsão de morte justamente, e ajuda a retomar um caminho e questões rumo a novas respostas ou descobertas.

Uma terminologia que dá lugar ao vazio, ao buraco, ao nada, através de diferentes metáforas, atende a uma necessidade diagnóstica e a uma técnica analítica apropriada às estruturas clínicas encontradas. *A psicanálise ao negativo* pode ser considerada como um dos cinco eixos fundamentais da psicanálise e de sua prática.[2] Os trabalhos franceses evidenciaram de modo inteiramente conseqüente e original a importância do negativo. Citarei nesse sentido o livro de J. Guillaumin.[3]

O fato de vermos nessa corrente uma tendência *apofática* não deve levar a eludir, nem a rejeitar temerosamente essa orientação sob pretexto de "misticismo" (em certas bocas analíticas, é a acusação maior; voltarei a isso). Sabemos entretanto que um "realismo" positivista não passa de dogmatismo e de defesa contra o desconhecido e, por conseguinte, contra a mudança.

Negação

A palavra negação será reservada ao uso verbal, linguageiro, do negativo, em termos específicos (não, nem). O verbo correspondente é portanto: *negar*.

Negatividade

Numa perspectiva hegeliana, seguindo a lição de J. Hyppolite (op. cit., p.135), *negatividade* convém unicamente à negação redobrada, "a negação da negação". Esta progressão dialética não passa de uma mediação filosófica. Tem seu fiador na análise, no a posteriori, nos mecanismos de defesa, nas tomadas de consciência, no jogo dos significantes, nos efeitos metafóricos e nas mudanças de perspectiva. A psicanálise é uma dialética.

Denegação

Digamos antes de mais nada que se trata de um uso particular da negação (logo, de uma expressão verbal, conforme foi dito). Esta figura foi com muita precisão descrita por Freud em seu artigo *Die Verneinung* (1925).[4] A operação mental, supressão do recalque e manutenção deste no plano verbal pela negação, exige dois tempos: uma primeira enunciação relativa a uma representação (sonhei com uma mulher), depois a negação formulada, pronunciada (não é minha mãe) que dá uma informação sobre o anonimato primeiro (dessa mulher), ao mesmo tempo em que recusa o sentido implicado.

Tal operação é suficientemente distinta e precisa, freqüentemente observada ao longo de uma análise, com a confirmação que se estabelece num terceiro tempo, graças a elementos suplementares, principalmente o sentido dominante (como o desejo no sonho) que desfaz o recalque (é de fato minha mãe), para que seja valorizada por um termo apropriado, a *denegação*, que não se confunde portanto com qualquer uso da negação.

Uma vantagem evidente é que o verbo que corresponde a essa palavra, *denegar*, guarda esta especificidade e permite desfazer toda confusão com os verbos vizinhos e diferentes: *desaprovar* (conforme veremos) e *negar* (simples negação).

Uma questão se coloca: deveríamos pensar que toda negação na análise implica uma *denegação*, numa inversão para a afirmação, ao risco de fazer disso um procedimento? Nesse caso, a distinção negação/denegação perderia sua pertinência.

É verdade que o sonho, feito de significantes de demarcação e de representações de dominante visual, não pode figurar a negação (ainda que esta seja incontestavelmente passível de ser desvelada e presente como injunção ou formulação verbal, sentimento experimentado), exceto para certos meios como a interrupção, o desvio de uma ação empreendida; de modo que uma cena positivamente representada pode implicar uma negação.

Essas inversões entre positivo e negativo, nos dois sentidos, se generalizadas na interpretação, e até fora do relato de sonho, estabeleceriam uma suspeita contínua e, a serem manejadas sem discernimento, reduziriam a significação a uma constante gratuidade.

Ora, o exemplo de Freud, a operação de denegação, mostra que existem regras de interpretação: no caso em questão, a seqüência imagem anônima/negação da imagem precisa evocada constitui para esse conjunto uma forte presunção de sentido. Podemos assim, pelo menos para o sonho, encontrar encadeamentos comparáveis. Por exemplo, indicarei que, no adulto, uma manifestação bruta de um desejo, no modelo do sonho de criança, deixa perceber uma esperteza do inconsciente para negar em contrapartida um outro desejo menos admissível (referindo-se em lugar do progenitor figurado àquele do outro sexo).

E mesmo de modo mais direto, todo enunciado, até em sua forma mais positiva, é portador de um valor denegativo (sou corajoso: *não* sou medroso). Pode ser igual para sua forma negativa, numa iniciativa semelhante à descrita por Freud (*não* fui ao cinema ontem "realmente": *não* vão pensar que eu tinha vontade de ir).

Evidentemente os atos, as falas e as intenções não devem ser confundidos; estão às vezes em desacordo total entre si, até à revelia do sujeito.

Mas essas inversões de sentido, essa *negativação*, só serão retidas e provadas se tiverem a cada vez elementos suficientemente assegurados, repetidos e patentes num conjunto, para confirmar o mecanismo.

O fato é que a negação que constata uma ausência real não pode ser sistematicamente tomada por uma afirmação e que em conseqüência a denegação corresponde a uma operação específica que requer efetivamente um termo *ad hoc*.

A desaprovação

Em 1965, durante conferências na Escola Freudiana de Paris sobre as perversões, eu havia optado por adotar a tradução de *Verleugnung* por *desaprovação* [*désaveu*],[5] logo, antes de tomar conhecimento das opções do *Vocabulário da psicanálise* que Laplanche e Pontalis publicaram em 1967.

O terma desaprovação é citado habitualmente nos dicionários alemão-francês. Além disso, o uso inglês já se estabelecera na *Standard Edition* com *disavowal*: uma concordância estava assim estabelecida. *Desaprovação* convinha por suas significações implícitas, melhor que *desmentido* [*démenti*] (que evoca, mesmo lateralmente, a mentira, o que não convém muito ao processo fetichista), ou que *renegação*, que tem o inconveniente insigne de comportar como verbo correspondente *denegar*, o que provoca uma inoportuna confusão com a *denegação*, ligada à mesma palavra. Evita-se essa confusão com o verbo *desaprovar*.

Ademais, a aprovação contida no termo coloca bem o fato de ter que reconhecer o que é difícil de ser aceito e que põe em jogo a culpa (cf. o dicionário *Robert*). Desaprovar é pois: não querer admitir. O dicionário Littré frisa que pelo consentimento reconhecemos que uma coisa é ou não é, e que pela aprovação estamos "em contradição com...". Por outro lado, o Littré aceita inclusive uma decomposição da palavra *aveu* em *à-voeu*; o voto sendo promessa, consentimento (devotar-se), *desejo* (grifo meu). Tudo isso entra bem na descrição sustentada por Freud da *Verleugnung*, da *desaprovação*, a respeito do fetichismo (e da perversão), mas também da neurose obsessiva e da psicose, cada vez de modo diferente e com a clivagem correspondente. Não voltarei aqui ao diagnóstico diferencial que deve ser estabelecido para essas diversas manifestações da desaprovação, como pude fazê-lo alhures.

O que quero claramente acentuar é que diferentemente da negação que é sempre uma passagem à enunciação verbal, a desaprovação permanece localizada nos significantes não verbais, analógicos, de demarcação, logo implícita quanto à sua elucidação linguageira e marcada por representações que guiam os comportamentos, e cujos aspectos contraditórios, não verbalizados, que fazem a *clivagem*, devem ser reconstruídos.

De modo que a fórmula: "Eu sei, mas mesmo assim...", proposta por O. Mannoni, relativa a um sujeito falante, consciente de sua contradição, resulta da *denegação* mais que da desaprovação.

Em suma, esta deve ser categoricamente situada no mero campo dos significantes de demarcação e das representações.

Pois, para voltar ao exemplo do fetichismo, a desaprovação concerne conjuntamente a:

1. A percepção, furtiva ou evidente, do sexo oposto ao nosso. O que é percebido é desaprovado, não permite assentar uma convicção nos dados dos sentidos.

2. A realidade, a diferença dos sexos, não é recebida tal qual com o desconhecido que ela comporta quanto às razões de uma lei natural (é assim: não é de outra forma) e quanto a um experimentado outro. A aceitação dessa realidade em suas conseqüências para as relações entre seres sexuados, para os sentimentos, o amor que os animam, para a reprodução, não é rejeitada, mas o comportamento implica que ela é ao mesmo tempo desaprovada.

3. Igualmente, a teoria relativa ao sexo que é forjada postula, no que diz respeito às representações, que existe apenas um único sexo: ou que o pênis deve desaparecer, ou que desapareceu; ou que "crescerá", ou ainda que a mulher, a mãe, tem um pênis. Estas quatro fórmulas sustentam *a fantasia e o complexo de castração.*

Mas, além disso, estas "teorias" infantis são elas mesmas desaprovadas, como uma crença virtual, indizível ou inconcebível, ainda que as fantasias possam dinamizar representações e roteiros inteiramente conscientes, mas não verbalizados.

Há, portanto, diferentemente do recalque e do retorno do recalcado, outra coisa que desejos e imagens inadmissíveis, mas antes um modo original de situar-se conjuntamente em relação à percepção, à realidade e às construções imaginárias desta, que entram no campo mais vasto da *crença* e da *ilusão.*

Clinicamente, sobretudo no que diz respeito às perversões, poderíamos aliás distinguir uma prevalência da desaprovação numa ou noutra das três categorias indicadas. Além disso, essa desaprovação cujo teor sexual está em primeiro plano apóia-se na construção de um objeto irreal, o pênis materno, que vem recobrir e apagar a fenda materna onde se condensa o *desconhecido* por uma dupla necessidade, uma biológica e social, de ter que se distanciar da mãe, e a outra, pela organização simbólica que disso decorre, com o interdito do incesto atribuído ao pai. E o objeto que vem em lugar do objeto irreal, o *fetiche* principalmente, mas também qualquer objeto de ilusão que vença o desconhecido, é um *objeto de perspectiva,* pois permite ao mesmo tempo situar o desconhecido em relação ao qual se estrutura o sistema de pensamento.

Há, portanto, a partir da desaprovação, toda uma construção que se monta, cuja origem sexual é primordial, e que supera amplamente o fetichismo por meio de seus mecanismos de articulação, principalmente pela oscilação metafórico-metonímica que encontramos nos fenômenos de crença e ilusão.

A clivagem da desaprovação, com essa dupla atitude mental para com certos significantes que concorrem para estabelecer a realidade e as "teorias" que a recompõem falaciosamente, remete na verdade a uma refenda fundamental do sujeito quanto ao inconsciente, o qual pode ser ele próprio mantido à margem, desaprovado, pela adesão, transitória ou prolongada, até permanente, crítica ou não, ao objeto de perspectiva.

A foraclusão

Desde Lacan, este termo que traduz a *Verwerfung* está ligado às psicoses. A foraclusão deve ser vinculada ao recalque originário, à sua carência. A recusa primeira por contra-investimento do que não vem preencher uma necessidade, proporcionar um prazer virtual, desde a rejeição fora do corpo daquilo que é "ruim", mas também do que excede a espera e as proteções (o pára-excitação) por um excesso de estímulo e de excitação, está na origem desse recalque.

Sobre esse fundo delimitam-se os primeiros significantes de demarcação, relacionados com a mãe, com o que dela é rejeitado, logo a partir de uma falta constituída por esse recalque primário. A distância tomada em seguida em relação à mãe, mesmo como bom objeto, apóia-se por um lado nesse recalque primário para um recalque secundário, e por outro no pólo de atração constituído pelo pai. O que quer dizer que o significante do pai (em sua forma mais específica como nome do pai) deve poder suportar o acesso à falta e ao recalque originário como fundo imperceptível do qual emanam os significantes de demarcação e que os margeia.

A foraclusão proviria pois de uma *falta dessa falta*, de uma carência desse recalque originário, com uma fixação fragmentária à mãe, o que produz uma falta de significante, a própria foraclusão, já que a ausência não tem coerência suficiente para dar origem aos significantes. Disso resulta que toda rejeição torna-se projeção e único meio para dar uma consistência significante, emprestada de uma realidade construída pela identificação projetiva delirante.

O negativo acontece aqui de maneira bruta como furo, vazio, nada, que discernimos clinicamente por um processo paradoxal: ali onde se teria esperado um desconhecido (o da realidade, com seus acasos, suas banalidades, seu ruído e sua desordem, tal e qual) se desvela uma foraclusão imediatamente preenchida por uma proliferação de significantes numa descarga delirante. Mas é na confrontação com o real, com seu teor irredutível de desconhecido, que a foraclusão de certos significantes aparece.

Com excessiva freqüência, o termo foraclusão foi tomado como solução de facilidade para camuflar o que resta fundamentalmente de desconhecido na psicose para o teórico. Uma procura dos significantes especialmente foracluídos poderia entretanto permitir distinções clínicas em função de déficits e traumas da infância, numa convergência da fantasia com a realidade, a foraclusão tocando precisamente uma constelação de significantes relacionados com essa falta redobrada, insuportável e inassimilável, não encontrando, além disso, a derivação terceira indispensável a partir das projeções sobre o pai que disso faz uma transposição simbólica, fora da relação dual com a mãe. Graças à lei, transmitida pela via simbólica paterna, há uma aclimatação possível ao desconhecido.

O inconsciente

Podemos agora indicar de modo bem esquemático a significação e as funções do inconsciente.

1. É antes de mais nada uma reserva, uma fixação, uma inscrição de conteúdos recalcados, de elementos que são nada menos que *significantes de demarcação*. Estes compõem as representações de coisas. Estes significantes não podem ser excluídos de uma definição do inconsciente: eles lhe são intrínsecos. O modo de composição entre eles, por deslocamento e condensação, isto é por metonímia e metáfora, pode ser apreendido precisamente, como Freud descreveu, enquanto funcionamento interno do processo primário: é a própria organização da vida inconsciente.

O trabalho da psicanálise é atingir a articulação entre significantes de demarcação (e representações) e significantes lingüísticos, verbalização, relacionados com os referentes. Esta passagem do inconsciente ao consciente só é possível por uma comunidade de função organizada, repartida em metáfora e metonímia. Pois estes significantes de demarcação, conteúdos do inconsciente, que se compõem segundo esses dois modos, fazem, através dessa correspondência, com que "o inconsciente seja estruturado *como uma* linguagem", conforme a fórmula de Lacan, não sendo portanto nem *a* linguagem nem *uma* língua.

2. Pelo recalque originário, um fundo inconsciente é constituído a partir de uma multidão de informações perceptuais, afastadas por terem valor insignificante quanto a outras informações que assumirão sua carga de significante por repetição, por interesse libidinal em

função da mãe e suas simbolizações. Mas além disso, esse fundo é também determinado por uma rejeição primeira, contanto que essa separação, essa ausência, esse afastamento, distinguindo-se dos significantes de demarcação, possam ter eles mesmos uma fixação como pólo negativo a partir do qual o "mau" se tornará objetal, a excitação intolerável levará ao gozo, a mãe original ideal afigurar-se-á objeto perdido. Com o que a falta em questão será admissível como desconhecido. Da mesma forma, as informações perceptuais estarão à disposição significante enquanto constituintes do *pré-consciente*.

3. Mas o inconsciente, uma vez que se organizam as constelações de significantes de demarcação que o lastram ao mesmo tempo em que estão virtualmente acessíveis ao consciente, é um *potencial de sentido* próprio a cada sujeito e que a psicanálise pode atualizar pela fala. De qualquer forma, de início, o desfecho permanece desconhecido, já que o significante abre-se para uma polissemia e para o símbolo, a metáfora.

4. O inconsciente comporta, pois, como aliás o Isso, Freud escreveu, um irredutível potencial de desconhecido.

O desconhecido

O lugar do desconhecido na teoria psicanalítica tem uma importância que, parece, foi deixada por longo tempo em silêncio. Em meu livro *La relation d'inconnu*[6] mostro, no último capítulo, que Freud não a omitira.

Este pólo do negativo na ordem da tomada de consciência, do cognitivo, da busca epistemológica, é um motor fundamental para todo requestionamento e progressão. Está ligado ao inconsciente, é claro, mas é também do interesse de todo estado de saber, para a ciência e sua pesquisa, como para encontrar as balizas de referência próprias ao meio sociocultural. Aqui o passível de ser conhecido está centrado numa zona balizada, um *desconhecido polar* que se oferece às predições exploradoras com as melhores chances calculadas de descoberta numa busca que permitirá além disso reconhecê-lo a posteriori.

Mas há irredutivelmente um desconhecido impossível de ser conhecido. Não pode ser abolido e constitui a *finitude* enquanto limite de todo saber, e até no campo das experiências possíveis para o ser humano e que o interdito do incesto coloca no simbólico. E esse desconhecido está no cerne da angústia, de sua intensidade afetiva, e em toda aflição.

Ao contrário, o saber pode bloquear toda progressão de conhecimento, pois fortalece a posição de não saber que não sabemos (ou ainda que o que sabemos intelectualmente não corresponde a algo experimentado, a uma experiência). Na tomada de consciência que vem em seguida à descoberta desse desconhecido, o a posteriori, na análise, tem efeito capital.

Partindo dessas considerações, diferentes atitudes para com o desconhecido podem ser categorizadas.

1. A separação, a espera e os conflitos cujo desfecho permanece incerto, inclusive os projetos que põem necessariamente em jogo imprevisíveis meios e resultados, embora provoquem o sofrimento, fazem com que o desconhecido seja recusado, acarretando a fuga ou mecanismos de defesa (dentre os quais o recalque, principalmente) que produzem as organizações neuróticas.

2. Excetuaremos a ilusão estética e os mitos que exploram o desconhecido fazendo com que as reações individuais e coletivas que este suscita *através* das fantasias mobilizem projetos que selam uma coesão social a fim de superar este desconhecido, isto é, com as religiões, a morte.

Mas as religiões transformam o desconhecido em *mistério*, seja em geral com a Revelação comum aos três monoteísmos, ou mais precisamente para o cristianismo com a Encarnação, a Ressurreição e a Trindade que pedem um sacrifício da razão. Enveredam assim numa experiência apofática que se orienta para uma apreensão do desconhecido, por vias especialmente despojadas de significância, puras nisso, mas que permanecem no entanto tributárias das crenças nesses mistérios: essa referência obrigatória define a *mística*. O abuso feito dessa palavra em psicanálise, uma vez que a detecção do desconhecido continua sendo uma atividade racional, não passa de uma acusação que busca denunciar a obscuridade de um pensamento teórico, ou mais justamente um retorno de crenças camufladas. Ora, não é raro que aquele que maneja esse argumento sem justificação precisa esteja apenas projetando o que conserva e dissimula de sua própria fé religiosa reduzida a impressões ou desaprovada.

3. O desconhecido aceito é a fonte do prazer de pensar, da comunicação, onde os significantes, as palavras, a expressão e os afetos, relacionam o conhecido com o desconhecido. Ele anima toda curiosidade intelectual; e isto se verifica tanto na sexualidade, onde há o gozo pelo desconhecido do outro sexo, quanto na jubilação estética.

4. Enfim, na psicose o desconhecido tem efeitos desestruturantes, por um vazio que se impõe quando se torna evidente uma falta, uma foraclusão de significante(s), de objeto de perspectiva, a partir do que se cristaliza a metáfora delirante para tentar reconstituir uma neo-realidade num esforço de cura.

É comum levar em consideração o desconhecido apenas fora da linguagem: os significantes de demarcação, os afetos e os sentimentos, as artes não verbais, certos fenômenos patológicos por si sós, a dita alucinação negativa, seriam o receptáculo. Compreende-se que, na perspectiva aqui exposta, o desconhecido não é exterior às cadeias significantes: ele é o intento da metonímia, fica sob o encargo da metáfora. É o pleno exercício do simbólico que mais bem permite compreender, pensar o desconhecido, em face do real, nele encontrar inspiração, um impulso epistemofílico e uma atração pelas experiências, as surpresas e as metamorfoses da vida. Esta exterioridade atribuída ao não-verbal, que pode aliás se inverter se esquecermos "a carne" da experiência feita para nos contentarmos apenas com uma elucidação intelectual, não passa portanto de uma aparência: de um lado ou do outro, deriva de uma ideologia que aposta unicamente no "vivido" ou, ao inverso, no saber.

A psicanálise dedica-se a realizar uma troca entre estes dois campos, a descobrir as faltas num e noutro, sendo assim um caminho de conhecimento.

Neste trajeto, o negativo ordena figuras concretas, aquelas que pelo pensamento e os atos fazem sentido, e não podem ser eludidas: elas têm por centros primeiramente *a morte* e *a diferença sexual* em relação às quais se constroem as fantasias de castração e sobretudo as condutas restritivas e de resignação disso decorrentes. O desconhecido é o eixo organizador: a análise, ao estabelecer relações entre estas balizas, *revela isso em todo objeto de perspectiva, o qual é causa e objeto do desejo*. A articulação dos significantes, sua progressão, sua antecipação e seu projeto, implicam esse foco do desconhecido. E o sentido da *sublimação* fica claro nessa textura do desejo que não se resume nem às satisfações das necessidades, nem às recusas da demanda.

Mas hoje, onde as potências de destruição têm com a energia atômica um instrumento adequado para realizar um negativo absoluto, uma morte total, para os outros e para si mesmo, a reflexão de P.-J. Jouve, em seu prefácio de *Sueur de sang*,[7] escrito em 1933, "Inconsciente, espiritualidade e catástrofe", que o acaso me fez reler recentemente, adquire valor profético. Ela esperava principalmente da sublimação que fosse vencido o que ainda não tinha nome, essa catástrofe da civilização às voltas com a pulsão de morte, quando não se trata mais "senão de destruição pura, de busca de um culpado objeto de ódio, e de regressão". Sabemos agora que esse "milagre" só se realizará nesse arranjo entre Eros e Tanatos, mediante essas transmutações "energéticas" de nossos desejos, e seguramente mediante essa sublimação, não do sexo simplesmente, mas também da morte, produto da violência, graças à qual o amor, que para P.-J. Jouve encontra um "veículo interior" na poesia, pode alcançar seu império incerto.

VII

O "PONTO DE VISTA ECONÔMICO" EM PSICANÁLISE

Em homenagem a Hubert Brochier

Dos três "pontos de vista" metapsicológicos freudianos segundo os quais podemos descrever a atividade psíquica,[1] é o *econômico* que coloca mais problemas e que parece o mais hipotético.[2] O ponto de vista *tópico*, desde que não façamos dele uma redução espacial abusiva, está no cerne da psicanálise, com o inconsciente da primeira tópica e as relações da segunda, entre o Eu, o Isso e o Supereu (compreendendo os ideais). O ponto de vista *dinâmico* é indispensável para que entendamos os *conflitos* que opõem os desejos e seus *sentidos* sustentados por significantes e que a fala revela no tratamento analítico.

O ponto de vista econômico por sua vez define-se pela presença e as variações de forças, energias ou pulsões, excitações, que determinam os processos psíquicos. É o campo da *quantidade* que domina aqui, sob a condição de precisar a natureza dessa energia podendo manter-se a um nível ótimo, obedecer a uma homeostase, decrescer, infletir numa entropia, ou aumentar.

No plano corporal, essa energia é mesmo quantificável: implica um desenvolvimento desde a infância, mantido pela nutrição, cifrável em calorias, pelo exercício, produzindo a força muscular e a resistência esportiva, igualmente mensuráveis. E a atividade sexual depende do desabrochar hormonal. Da mesma forma, no plano intelectual, as aquisições do saber podem ser testadas e as capacidades de trabalho e de rendimento avaliadas.

Mas o erro seria evidentemente reduzir tudo a um modelo de máquina energética, tal como se impôs no tempo de Freud, e que nem é mais válido para prestar contas da complexidade fisiológica e biológica.

É impossível hoje ignorar o sistema informático que comporta elementos de oposição binária (bits) e escolhas que se estabelecem a partir deles conforme programas lógicos, exigindo um mínimo de energia, mas que dependem todavia de uma quantidade de informação (medida em octetos).

Não se trata absolutamente de negar o caráter energético do funcionamento somático em suas manifestações que podem ser qualificadas de pulsionais. Convém sobretudo evitar a redução a essa única força (em sua fonte de excitação corporal, seu objetivo que é de suprimir a tensão, por um acesso ao objeto) sem levar em conta a atividade física que influi sobre ela, a orienta e a transforma.

Entretanto, certas pessoas chegam a atribuir, ao organizarem suas vidas, essa preponderância, por vezes exclusiva, à quantidade energética; e a teoria que constroem reflete esta tomada de posição quando se limita a este único ponto de vista em detrimento dos dois outros.

Em todos os casos, um *valor* dominante é atribuído a um sistema de pensamento considerado para satisfazer as aspirações; há assim *investimento* desse sistema, isto é, focalização dos interesses sobre ele. Quando se trata da prevalência energética, até mesmo biológica, a conseqüência é o risco de uma dependência passiva em relação a essas forças.

Assim, o sujeito invocará uma carência de desenvolvimento (por uma fixação à infância), ou se aterá à redução da *demanda* e do *desejo à necessidade*. A oralidade ocupa aí lugar importante: para a fome não há escapatória; a alimentação é absolutamente necessária, irredutível. Mas a previsão que disso pode ter a criança influi sobre o valor de uso que ela dá ao alimento por sua qualidade, quantidade, e modo de administração; por outro lado, a maneira como o recebe segundo as exigências da mãe na espera aceita, sua duração, as particularidades impostas, torna-se valor de troca que não se acantoa mais na necessidade mas brinca na *demanda de amor*: o valor de uso do alimento é seguido de troca amorosa, da mãe para a criança e da criança para a mãe quando aquela recebe o alimento cedendo em contrapartida às influências educativas.

Mas, paradoxalmente, tanto a insatisfação acentuada de uma fome irredutível quanto um cuidado por demais inquieto e obsessivo nos procedimentos de alimentação ameaçam fazer prevalecer a força da necessidade à mínima falta.

Da mesma forma, a experiência anal da criança é crucial para seu acesso à demanda de amor: quando sente seu poder no controle dos esfíncteres para uma função que não pode ser abolida, esta se torna valor de troca para seu pedido de amor ao qual atende afetuosamente a mãe. A psicanálise mostrou o *valor de troca* que é assim dado ao que não tem tanto valor em si, o excremento, quando sua emissão no momento e no lugar que convém torna-se garantia de amor recíproco e o modelo da moeda como intermediária das trocas.

E no plano sexual, os desejos que conduzem primeiramente à masturbação podem ser afastados sem limite nos atos, ao contrário das atividades orais e anais, mas permanecem nas fantasias.

Levar em conta apenas forças pulsionais é abstrair-se do *sentido* que circula em todo pensamento e em toda ação: vemos nisso a desaprovação, a repressão ou o recalque desse potencial de uma polivalência semântica sustentada por todo significante.

Tudo reduzir a necessidades, ou ainda a forças pulsionais, sexuais ou agressivas, conduz quase sempre a adotar uma atitude passiva para com elas: seja na direção da potência, da qual não podemos nos esquivar e que libera a violência e as transgressões, seja na fraqueza e na submissão.

Mesmo no plano teórico, a oposição freudiana entre *a pulsão de vida* e *a pulsão de morte* pode ser explorada como um dado onde a balança entre elas, tombando para uma ou para outra, não teria outras causas imutáveis senão biológicas.

E acontece de os comportamentos de força, impelindo a uma dominação agressiva, ou abandonando-se a uma fraqueza, à inibição ou à depressão, invocarem um estado de fato, "de natureza". Aqui, o "valor" concentra-se na mera quantidade e rejeita toda referência ao sentido.

É esquecer que, como ressalta Laplanche, a pulsão tem uma "ligação indissolúvel com *representações*"; mas ele considera além disso que ela "é verdadeiramente a força própria das representações quando estas se acham colocadas num certo status isolado, separado, que é o status do recalcado e do inconsciente originário".[3]

Pode haver portanto uma colusão entre os recalques do sujeito e a teoria pulsional do ponto de vista econômico. Por isso as críticas atuais de Roy Schafer frisam bem a distinção a ser feita: "... a linguagem tirada das ciências da natureza e que apela para forças, energias, mecanismos etc., deve doravante ser rejeitada em favor de uma linguagem que se liga às significações", de modo que cabe ao sujeito ser o intérprete das circunstâncias e das necessidades, dar definições e atribuir significações, até nas situações traumáticas mais precoces, reconstruídas.[4]

Isto alcança a vertente mais específica do pensamento freudiano, isto é, a abertura à interpretação a partir da articulação entre representações de coisas e representação de palavras pela livre associação que permite explorar entre as multiplicidades de sentidos o potencial inconsciente próprio a cada analisando. Numa terminologia que preconizo, são as articulações entre os elementos das representações, os significantes analógicos, de demarcação, e os significantes digitais, verbais, pela metonímia (correspondendo ao deslocamento) e pela metáfora (correspondendo à condensação) que permitem toda a variedade de nuanças semânticas, desde as experiências vividas, os afetos, os pensamentos mais íntimos, a fim de se liberarem, revelando o sentido inconsciente, das significações fixadas. É pois o campo da *qualidade* semântica que assim se oferece, em toda a sutileza da atividade psíquica, comprometendo assim toda a *responsabilidade* do sujeito em suas escolhas de vida.

Ao contrário, a *quantidade* econômica das pulsões, quando prevalece sobre o sentido veiculado pela linguagem, acaba por apagá-lo, seja para dar valor apenas a variações de forças, seja para afastar as representações numa abstração destas.

Evidentemente, poderíamos alegar a multiplicidade de significações e escolhas que se apresentam para que uma quantidade reapareça mais uma vez. Mas não é ela que pesa para as decisões, como postularíamos muito facilmente para as pulsões.

Para que as necessidades e a força (e a fraqueza) fisiológicas se imponham é preciso que na trilogia necessidade/demanda/desejo os dois últimos termos sejam invalidados.

A ausência de recursos à demanda acontece quando o acesso à comunicação, à espera, à troca que se refere principalmente ao amor, não pôde realizar-se ou foi profundamente alterada nas primeiras relações da criança. Certas fixações psicóticas podem disso decorrer. Mas o recolhimento sobre a necessidade provém também de uma decepção quanto à demanda de amor, devida às respostas inadequadas da mãe; insaciáveis exigências se impõem então. Certas depressões daí resultam; e a anorexia mental, assim como a bulimia, certas impotências sexuais e certos tipos de frigidez a isso se vinculam. Veremos mais adiante a importante questão do masoquismo que domina essa patologia. Indicarei incidentalmente que a demanda de amor é inteiramente central na transferência[5]: ela permite analisar essa relação em função das idealizações e das identificações, e de suas transformações.

No que diz respeito ao *desejo*, é a *superação* que define sua ação psíquica: ele não permanece fixado ao objeto de uma necessidade determinada como o faz a pulsão; transporta a demanda para um amor que está para além dele — o que pode se tornar uma busca espiritual.

Mas sobretudo o desejo é indissociável da própria atividade psíquica: pois sustenta as propriedades do significante, principalmente na permanência do pensamento, na constituição e na progressão da cadeia onde se articulam os significantes que se revelam pela fala e a linguagem. O desejo move ele mesmo os significantes que formam as representações; mais exatamente deveríamos dizer que se manifesta neles, em suas redes, suas configurações. *É portanto a um só tempo o produto dos significantes e o agente do contínuo avanço destes rumo ao sentido.*

Esse laço com o significante faz com que o desejo seja encontrado em toda procura do objeto identificado como referente das representações e de suas significações constitutivas, mas também nas *fantasias* que são projetos organizados de desejos que visam uma realização mas podendo também superar toda realidade. Por outro lado, os *ideais* constituídos e formuláveis organizam-se em sistemas significantes que orientam e canalizam os desejos em suas superações.

Assim, desejos diferentes, conforme os ideais, podem entrar em *conflito* segundo os interditos e as prescrições correspondentes. Suas relações são mais complexas que as oposições de pulsões, pois eles resultam de conflitos de sentido.

Por isso, ligados a seus significantes, sofrem os recalques que lastram o inconsciente e que a psicanálise, pela interpretação, consegue trazer à luz. Da mesma forma, os desejos, para além das necessidades fisiológicas, diversificam-se consoante uma pesquisa intelectual em resposta aos ideais que superam os interesses individuais e articulam estes aos projetos coletivos. Substituições entre os desejos, transformações por vezes ínfimas modelam a existência. Daí resultam sublimações onde a origem sexual mal é perceptível, se não for pelos interditos latentes e ativos, mas onde as exigências dos ideais comunitários vêm em primeiro plano.

Entretanto, seria desconhecer um traço importante do desejo não destacar sua relação com o *desconhecido*. Ela decorre efetivamente do poder que tem o pensamento, graças a sua bateria de significantes, de compreender esse desconhecido. Embora o desejo supere a demanda de amor, não deixa por isso de ser tributário do desejo do Outro, como um reconhecimento talvez, mas antes como uma ressonância onde se manifesta seu teor específico de desconhecido. Já mostrei a função deste na experiência e na idealização do desejo.[6] É esse desconhecido que assegura a superação do conhecido e a atração mental pela exploração tanto na vida quotidiana mais prosaica como nas mais sofisticadas pesquisas científicas ou estéticas. *O desconhecido é*, como afirmei, *a causa e o objeto do desejo.* E o *objeto de perspectiva*[7] suporta-o nas diferentes prospecções que animam o pensamento.

A sexualidade tem lugar privilegiado nessa experiência vivida desde a infância. Está, com efeito, precocemente presente nas sensações corporais e nas percepções, mas constitui uma ocasião particularmente pregnante para compreender o desconhecido. Pois o domínio muscular e motor ou, em maior escala, o domínio intelectual do saber permitem avançar sobre o desconhecido ao longo do tempo, ao passo que a criança tropeça com a sexualidade num desconhecido enigmático pelo fato de que esta só aparece com todos os seus meios na puberdade, e que toda elucidação proposta pelos pais, por mais bem feita que seja, permanece aquém da experiência vivida da relação sexual. E a fantasística infantil tampouco deixa de persistir e mesmo bem tarde, quaisquer que sejam as evidências da realidade. Outro ponto a ser notado, os ditos e os comportamentos que deixam transparecer uma conotação sexual, vindo da mãe em primeiro lugar, transmitem igualmente as reações enigmáticas que ela pôde guardar para com sua própria sexualidade.

Pois, para todos, esta última é marcada pelos interditos que separam as crianças dos adultos, onde culmina o do incesto, e para começar, com o pudor.

De modo que, para o sexo, o desconhecido oriundo da longa maturação é além do mais reforçado pelos interditos. Isso explica por que o desejo aí esteja tanto em causa. Esse desconhecido por ele arrastado exalta a descoberta da carne e desdobra os laços e as trocas do amor.

Mas o desejo, por sua estrutura assim descrita, ao mesmo tempo em que incita ao prazer e às satisfações que não lhe são absolutamente estranhos e que ele permite alcançar em todas suas variedades e pelas vias mais complexas, persegue um mais-além onde o desconhecido se concentra no pensamento possível da morte. O desejo puro (segundo a expressão de Lacan) estaria justamente nessa superação onde o desconhecido da morte capta exclusivamente todo o desejo, para os enfrentamentos nos riscos da vida e seus combates, indo até a escolher essa morte, por decisão invidividual que responde às situações coletivas.

Vemos portanto que o desejo é indissociável do pensamento e de seus significantes, da sutileza das significações, do sentido (definido na relação com os referentes) e dos valores, das *qualidades* que disso decorrem e orientam a utilização das forças, das energias pulsionais e dos afetos a fim de reagir às situações assim encetadas.

Num artigo importante para a presente questão, "O problema econômico do masoquismo",[8] Freud observa que não podemos nos ater à mera quantidade para prestarmos conta do prazer e do desprazer, visto que um e outro se devem ora à elevação e ora ao abaixamento da tensão. Freud invoca então a qualidade, e emite a hipótese de um ritmo significativo no transcurso temporal das modificações. Mas acrescenta que o *princípio de prazer*, guardião da vida, modera-se, canaliza-se para uma melhor apreensão pelo *princípio de realidade* que representa a influência do mundo externo.

Não é portanto apenas a oposição entre uma "energia livre", seu transcurso caracterizando uma função primária, e uma "energia ligada", relativa a uma função secundária, que pode resumir o equilíbrio entre prazer e realidade, entre atividade sem rédeas e contenção. É também a oposição entre *processo primário* e *processo secundário* que deve ser levada em consideração, isto é, segundo os modos significantes de pensamento, de um lado com o funcionamento mental inconsciente segundo seus próprios mecanismos, mas também com a atividade imaginária, metafórica e estética, e de outro o controle consciente, racional e em contato com a realidade.

Sublinharei aqui que a qualidade em lugar da quantidade é aquela trazida pelo jogo preciso dos significantes que reflete a influência externo dos interditos e das prescrições, logo do princípio de realidade que, como nota Freud,[9] ensina a tolerância ao desprazer a fim de encontrar secundariamente um prazer acessível, ou a repressão do próprio prazer quando a obtenção imediata ameaça ser destruidora.

É ao Eu que cabe essa avaliação da realidade em relação aos perigos a serem evitados, inclusive aqueles que o Supereu erige a partir dos interditos introjetados. As qualidades ligam-se aos valores segundo os ideais ativos para cada um. Aqui, novamente, o teor significante não só domina a quantidade mas a faz servir ao ideal ao canalizar a força propulsora do desejo para projetos que se sustentam de uma esperança, e, podemos dizer, de uma fé.

Podemos distinguir, para clarificar o alcance dos ideais, cinco campos — religioso, político (campo privilegiado para o econômico), filosófico, estético e científico —, nos quais os interditos e as prescrições são exatamente formulados indicando onde o econômico vem em primeiro plano.

Pelos diferentes valores que a criança recebe a partir dos pais e da sociedade, constituem-se as idealizações e as identificações, pelas quais se diferenciam o Eu ideal (enquanto onipotente e narcísico) e o Ideal do Eu (em harmonia com o princípo de realidade). O desejo persegue através dessas representações do Eu os objetivos dos ideais que mantêm um desconhecido para além das realizações já alcançadas.

Assim, essa complexa organização não pode ser reduzida a uma simples economia de forças pulsionais. E no entanto essa simplificação fascina as mentes porque despreza as mudanças que o trabalho do sentido pôde e poderá realizar. Paradoxalmente, o recurso à quantidade, à força biológica, opta por um estado de fato.

Quando se trata de *êxito*, do poder daí resultante, e que não se reduz de modo algum à riqueza monetária, sendo de influência, de imposição (coerção) ou de subordinação (F. Perroux),[10] uma tendência a estatuar a imagem gloriosa consiste em lhe atribuir um destino genético fora do comum, e mesmo quase divino, livre de qualquer dependência psicológica. Isto sustenta, em certos regimes, as tendências que recusam a psicanálise.

Mas sobretudo, ao contrário, ainda que essa prestigiosa figura, autônoma em sua biologia, deixe uma sombra tenaz, encontramos freqüentemente nas situações de fracasso e nas depressões um atestado de impotência pulsional, e para atos inadaptados ou de delinqüência, um impulso irreprimível é invocado.

A cada vez, esse recurso à força ou à fraqueza pulsional rejeita desde logo toda dinâmica significante e por conseguinte toda interpretação. Essa fixação a uma situação mental implica uma ausência de mudança, a qual não pode nem mesmo ser esperada. A quantidade, da vertente pulsional, exclui então a qualidade das representações e de suas significações, conscientes e inconscientes, mas também das emoções.

E no tratamento duas atitudes correspondentes a esses bloqueios manifestam-se com o *automatismo de repetição*, referindo-se a mecanismos de pensamento ou a atos correspondentes, e com a *reação terapêutica negativa*.

Acontece que esses impasses, fechados a qualquer elaboração de sentido, sugerem o efeito de uma *pulsão de morte* cuja força sobrepuja a pulsão de vida. Sem ignorar que essas situações podem ser acompanhadas de benefícios secundários não negligenciáveis, o recurso à pulsão de morte não deve fazer esquecer as críticas a essa hipótese[11] sobretudo se ela mostrar ser apenas um quebra-galhos diante do que se impõe como intransponível ou incompreensível.

Entretanto, o estudo do masoquismo, tão determinante na reação terapêutica negativa mas também na sintomatologia clínica (com, entre outros, o luto patológico, as neuroses narcísicas, as neuroses traumáticas), mostra que a quantidade de sofrimento procurado, como dose necessária à necessidade de punição, ou conforme um aumento contínuo, não deve enganar quanto à qualidade significante dos processos em causa. Freud, no texto que citei, descreve bem os mecanismos que se dissimulam sob essa "economia".[12]

Ele distingue a severidade moral, consciente e racional, devida a um Supereu sádico, que não deve ser confundido com o *masoquismo moral* onde o Eu, ele próprio masoquista, permanece *inconsciente* de suas manobras, de sua dependência para com o Supereu e o mundo externo, mas também para com a sexualidade edipiana que deve ser mantida recalcada.

Os dois principais mecanismos indicados por Freud são a interiorização da agressividade primeiramente destinada ao exterior (cuja manifestação eu veria no grito), e o peso de uma culpa inconsciente relativa a fantasias edipianas tais como o de apanhar do pai ou de ter relações sexuais passivas em posição feminina. Freud designa também o fiador parental quando é invocada uma dependência cega do destino.

Acrescentarei a estas observações, decerto esclarecedoras, um outro processo que abordei superficialmente há pouco e que qualificarei de fundamental, a saber, uma *fixação à demanda de amor dirigindo-se à mãe*: para obtê-lo, a criança aprendeu a restringir algumas de suas necessidades e desejos. Mas ao introjetar essa relação, a demanda de amor transfere ao Eu e ao Ideal do Eu a escolha dos sacrifícios a serem feitos e sua quantidade, sua repetição podendo tornar-se imperiosa. Restando assim único juiz, o Eu assegura-se portanto de um poder ainda mais grandioso já que, longe de estar exposto como nos comportamentos sádicos (que na verdade são apenas secundários ao masoquismo, por isso dissimulado), fortalece-se por enfrentar o sofrimento, no entanto selecionado e calculado. Considero esta dependência para com a demanda de amor o nervo de todo encadeamento masoquista.

Caberia evocar, a propósito dessa abordagem do sofrimento, a patologia psicossomática, em função das fantasias que precedem toda doença orgânica, que a acompanham com reações a posteriori, construindo uma medicina imaginária e tendo efeitos somáticos reais. O masoquismo tem sua parte no que diz respeito a cuidados e ao amor esperados, ou a uma fobia e, a um só tempo, a um desejo de sofrimento, de degradação.

Nessa confrontação entre quantidade e qualidade, a psicanálise põe em prática do lado desta o mais característico da descoberta freudiana: uma exigência de recorrer às leis que regulam a interpretação para desvelar o desejo inconsciente e que são, como Lacan ensinou, as do sistema dos *significantes*. É por essa via que ademais é apreendida a qualidade que anima os sentidos de uma vida, nas lembranças, desde as mais antigas, numa história particular, nos desejos e nos ideais que os ligam a uma comunidade. Mas se existe uma incontestável realidade nas deficiências, nas enfermidades e na velhice, cuja quantidade de sofrimento implicado sempre se pode invocar, não é menos verdade que é enquanto sentido a lhes atribuir, logo enquanto qualidade avaliada, contra as quais são sempre propostos meios corretivos, ainda que ilusórios, mas em geral singularmente eficientes e simplesmente práticos. A psicanálise trabalha por certo para reconhecer esses déficits mas também para que não fiquemos deles prisioneiros por uma obtusão sobre "a realidade", bem como para procurar diversos modos de liberação.

Há decerto em psicanálise um acordo constante entre uma iniciativa científica de explicação e uma exigência subjetiva de compreensao, dimensões que, como nos lembrava recentemente Hubert Brochier, estão as duas de fato presentes, sem se excluírem, nas ciências sociais.[13]

Pondo em destaque o desejo, gostaria de lembrar quanto o desconhecido, desde que possa ser aceito em sua valência positiva, pode motivar as mais fecundas mudanças. Mesmo quando o impossível de ser conhecido desponta, e no próprio tratamento, a capacidade de assumir-lhe a barreira, em vez de se contentar com teorias quantitativas, permite transpor a prova.

Winnicott havia visto nas brincadeiras da criança o espaço das primeiras descobertas onde, pela atenção, pela concentração dadas às mais simples percepções, por uma curiosidade em vigília, é atingido um prazer "que dá ao indivíduo o sentimento de que a vida vale a pena ser vivida".[14] E essa epistemologia, como diz Bion, nutre uma criatividade que não pára nos automatismos quantificáveis, mas torna-se essa conquista sobre o desconhecido que baliza a realidade e suas leis em relação às quais o desejo pode mostrar seu alcance até nos ideais que nos orientam, onde se constrói o prazer das relações humanas e do pensamento.

VIII

O DESCONHECIDO NA EXPERIÊNCIA DO DESEJO

Compreender, interpretar, implica um duplo movimento da mente: saber que sabemos e saber que não sabemos; a pesquisa e o conhecimento devem permitir uma passagem dialética entre estas duas vertentes, ora para duvidar de uma convicção e ora para assegurar-se de uma evidência. A perlaboração na análise, o acesso ao princípio de realidade a partir do prazer dominante requerem tanto desfazer as ilusões e as fantasias que se impõem sem nenhuma implicação, quanto se afastar de um ceticismo falsamente confortável ou de uma desconfiança corrosiva. O desconhecido pode ser esquecido, inclusive ignorado, mas pode também surgir da reflexão para ativar o pensamento explorador. As transformações resultantes são certamente complexas: podemos ignorar que não sabemos mas também que sabemos, e sem que de um lado como do outro isso cause problema. Toda a potencialidade do inconsciente[1] está ligada às emergências e aos apagamentos de sentido. As crenças são múltiplas: desde as das superstições e do desconhecimento até as das fantasias, das ilusões, do jogo e da arte, da religião e de seus mitos, onde existe grande variedade de adesões, tanto sobre os temas quanto na mobilidade consoante os momentos de fascinação.

Uma primeira questão que se coloca é a da aparição do sentido na criança, do que ela pode considerar assegurado e do que lhe falta, em suas reações e em seu pensamento, para manifestar pelos gestos e pela fala sua afirmação, sua recusa até a negação, e a consciência de sua ignorância.

Trata-se portanto de saber como a criança adquire, graças aos cuidados e às mensagens da mãe, as balizas de sua comunicação, de seu pensamento e da compreensão que disso tira progressivamente: o que corresponde a detectar como se isolam para ela os primeiros significantes, isto é os significantes não verbais, analógicos, *de demarcação*.[2]

Nesse aprendizado, a mãe *dá sentido* à criança por uma contínua antecipação que lhe permite interpretar as reações que observa em função de seus próprios desejos: *ela lhe fala* para que os significantes, embora necessariamente enigmáticos porque não compõem ainda signos mas também porque podem escoltar mensagens sexuais maternas elas próprias enigmáticas, despertem na criança o desejo e a curiosidade a partir de uma primeira relação de desconhecido.

O desconhecido nos primeiros significantes

Como tive a oportunidade de precisar,[3] os parâmetros que estruturam os significantes (nas oposições prazer/desprazer e dor, atração/repulsão, bom/mau) estão eles mesmos comprometidos na relação entre a mãe e a criança, valendo para os dois, com o que, pela repetição das expressões e das emoções, se fixam os primeiros significantes pelo sentido que lhes reconhece a mãe.

1. Nesse nível em que as *necessidades* vêm em primeiro plano, o risco é que o amor e o desejo com suas implicações sexuais sejam afastados por uma carência de cuidados, relativa à mãe ou às pessoas que dela se encarregam. As perturbações resultantes produzem uma *falta* que só é evidentemente desvelável por um observador e pelas construções teóricas justamente na medida em que um acesso à origem do pensamento, dos primeiros significantes, permanece fora de alcance, logo desconhecido. Pois essa carência só se traduz pela incapacidade temporária, mas que pode fixar-se numa organização patológica, em desdobrar a vertente positiva dos pares de oposições na própria demarcação dos significantes.

Dois tipos de "faltas" transpõem-se nestes. A mais grave é a ausência de constituição de certos significantes: essa *foraclusão* (ela mesma respondendo na perspectiva lacaniana a uma foraclusão do Nome do Pai) deve ser entendida como uma impossibilidade de aparição desses significantes que não puderam se fixar seja porque há rejeição de tudo o que pode servir para rememorar o excesso de desprazer, o horror, seja porque todo significante que prepararia para uma representação positiva depara-se com uma decepção por não estar suficientemente escorado por experiências satisfatórias, tornando irrisório a isso se referir. Essa manutenção da derrelição primeira causadora da foraclusão seria balizável nas esquizofrenias.

A outra espécie de falta não se refere à constituição dos significantes, que conseguem delimitar-se, fixar-se, mas diz respeito a seu *isolamento*: não é possível se estabelecer uma relação entre eles, seja no quadro de uma mesma percepção, principalmente no interior do campo visual ou auditivo, ou entre os cinco sentidos, assim como com as sensações proprio- e enteroceptivas. De modo que esses *significantes analógicos isolados* não conseguem formar representações, ou então, em razão de seu isolamento, adquirem valor *fascinante* e *enigmático* que não leva a um efeito de sentido, nem ulteriormente à articulação com significantes verbais, digitais. Através desse despedaçamento invencível eles são então o ponto de partida de fenômenos alucinatórios, esquizofrênicos, ou de metáforas e "cenas" delirantes derivando de psicoses mais organizadas, por exemplo, paranóicas.

Essas perturbações do recalque originário levam a uma *falta* do *significante da falta*, entretanto indispensável para a tomada de consciência do próprio significante.

Assim pode fixar-se uma "parada sobre imagem", "uma parada sobre significante", tão imperiosa quanto desprovida de sentido, mas sendo uma precursora analógica de uma negação verbalizada.

2. Uma segunda série de pares de oposição, preparada pela precedente, surge, em seguida, com as da atividade/passividade, do dentro/fora, e sobretudo da presença/ausência, enfim do Si e do Outro.

A capacidade de conceber a *ausência* é uma etapa fundamental para chegar ao desconhecido. Implica a *memória* de um objeto (parcial ou total) — que seria mesmo necessária para definir este —, mas também memória das sensações, das percepções tanto desagradáveis quanto satisfatórias. Mas sobretudo ela conta com uma diferença entre eles e os significantes, e sua organização em representações, que lhes corresponda.

Ressaltarei a importância dessa função da *diferença* não apenas no que é entendido pela criança dos pares de oposições vividas, mas em suas transposições pelos significantes que, eles próprios, só são identificáveis justamente na oposição comparativa entre sua presença ou sua ausência.

A ausência do objeto é vinculada a uma *espera*, isto é, a uma antecipação tendo dupla potencialidade: seja de retorno sem nenhuma mudança a um estado anterior já experimentado, seja com possibilidade primeiramente de adiar a falta, logo de abandonar-se à própria espera, mas igualmente de prever variações de tempo e resposta, e de tirar disso um prazer de adaptação e de descoberta, continuamente solicitado pela brincadeira, suas repetições, bem como pela curiosidade e o aprendizado.

São conhecidas as situações exemplares que evidenciam o desconhecido que a criança enfrenta e percebe como tal. Ao fim do primeiro ano, suas reações a rostos desconhecidos não se resumem apenas a um desvio e uma rejeição num primeiro tempo, mas comportam também uma adaptação que é fonte de prazer e de atividade lúdica na mudança em relação aos hábitos dominantes.

O jogo do *fort/da* descrito por Freud, tal como podemos desenvolver suas diversas operações (e remeto à análise e ao quadro que dele fiz),[4] oferece o interesse de mostrar o domínio da ausência da mãe graças à substituição ativa por pequenos objetos jogados fora, perdidos e encontrados, mas sobretudo paralelamente à inversão fonemática de oposição (O-A), vindo reforçar verbalmente esse poder sobre a ausência pela distância tomada com os significantes.

Na verdade, os comportamentos da criança para com o que ela ainda não experimentou já mostram bem seus modos de reação ao desconhecido, ao longo das variações alimentares, indo até o desmame, e com as necessidades da educação esfincteriana.

A relação de desconhecido oferece-se portanto desde a mais tenra idade e modela as atitudes infantis. Entretanto, a consciência progressivamente adquirida, isto é, a possibilidade de pensá-la e colocá-la em jogo na comunicação, deve-se precisamente à aquisição da *negação* tal como se exprime pelo gesto (com os significantes analógicos) ou pela palavra.

Caberia seguir suas primeiras pegadas de acordo com os três tipos de maturação que sofrem uma evolução, onde a incapacidade da criança requer primeiramente a ajuda da mãe.

• A maturação *física* corrige progressivamente o impossível uso de todas as potencialidades corporais tais como se manifestam no adulto. A criança observa este, a mãe e as pessoas mais próximas: chega a uma formulação virtual de sua impotência, que verbalizada se tornará uma negação: "Não posso." Seu aprendizado físico, motor e de resistência (que aliás continua se aperfeiçoando, mesmo no adulto pelo treinamento esportivo), supõe um desconhecido no que é experimentado e no exercício que, com a ajuda da mãe, leva a uma capacidade conhecida, por exemplo, o uso intencional das mãos e o andar.

Aqui, o desconhecido refere-se ao poder do corpo; progressivamente se converterá num conjunto de reflexos e ações no qual o sujeito poderá confiar. Cada aquisição é uma fonte de prazer que incita a outros progressos. Mas o temor do risco físico, para um corpo que se sente ameaçado, faz com que novas experiências sejam recusadas, sobretudo quando a inquietude é difundida pelos pais.

A identidade somática caminha junto com o conhecimento dos meios motores e sensoriais, do espaço e de um esquema corporais. Distingue-se de um não-eu por limites de proteção, mas também pelo campo de ação sobre os objetos. Mas o fato é que um desconhecido próprio ao corpo, anatômico e fisiológico, quanto ao interior invisível, pode ser, à margem de todo saber médico, fonte de inquietude e angústia onde se fixam fantasias e recalques.

• A maturação *mental* depende a um só tempo de capacidades cognitivas e afetivas que exigem o pleno uso dos significantes em função da linguagem, e de um mundo de conhecimentos, desde os mais práticos e os mais correntes até os mais sábios. Experimentam-se então os modos de comunicação, principalmente os *códigos* em uso a partir da mãe, o ensino, a curiosidade (com a exploração pelas perguntas sem fim da criança), mas também as relações humanas. O desconhecido manifesta-se então na fórmula virtual de negação: "Não sei" que compensa a educação na repartição entre o conhecido, o saber (e seu estoque em progresso) e o desconhecido, ainda que possa advir uma obtusão por um interdito de toda procura, tida então por vã.

• Mas a maturação *sexual* merece ser destacada. Com certeza é corporal, e dá lugar às transformações, pela passagem visível e flagrante, num impulso rápido, à puberdade, após a espera bem longa da infância, ao passo que os outros progressos parecem acontecer numa marcha contínua. Na verdade, esse desenvolvimento afirma a *diferença* sexual, com o desconhecido que para cada um comporta o outro sexo, mas sobretudo com os interdito*s* maiores que se impõem inicialmente e que se referem ao incesto, isto é, à obrigação de se distanciar da mãe, para o menino como para a menina, com a implicação masoquista primeira de um sacrifício sexual autônomo que se oferece na fantasia de castração, e relativo ao pai.[5]

O desconhecido sexual de imaturação reforça-se, pois, com o não-dito, com o que do corpo está escondido pelos usos morais e religiosos que derivam evidentemente do interdito do incesto, mas também dos sacrifícios que pertencem ao sistema coletivo.

A fórmula virtual aqui está, sempre, em forma negativa: "Não se deve". Ainda mais que a criança percebe bem precocemente em suas relações as diferenças sexuais, somáticas e psicológicas.

Ao reconstituirmos rapidamente a gênese da relação de desconhecido, ao encontrarmos as balizas dos significantes, especialmente as da negação, que permitem apreendê-la, vemo-nos sem saída diante da difícil questão da origem da consciência e do pensamento. O desconhecido é então o do teórico e o do observador: mas acontece de ele coincidir com aquele que a criança enfrenta sem saber, mas que a mãe disfarça mediante uma benéfica intuição antecipadora.

Diante desses hiatos aos quais a criança adere transitoriamente ou fixa-se em estados patológicos, a solução que se oferece é de "localizar" as perturbações por formalizações espaciais ou corporais. Do lado dos teóricos o recurso à topologia (como por uma referência estranha, por vezes mal assumida, e ela mesma cheia de obscuridades), ou com os kleinianos e Bion a importância dada à oposição continente/conteúdo, ademais sexualizada, ou com D. Anzieu que descreve funções de invólucros do Eu-Pele, a abertura *metafórica* propõe, mesmo assegurando uma anatomia fantástica no esquema corporal, a construção de balizas nessa abordagem do desconhecido. A vantagem da explicação de Anzieu é de ressaltar os *significantes* por ele chamados de *formais*[6] e que correspondem ao que nomeio "significantes analógicos fixados em seu isolamento". Graças a eles uma elaboração torna-se possível pela fala encetada pelo terapeuta.

Como indiquei há pouco, uma etapa maior na identificação do desconhecido é a experiência da *ausência*. É em geral concebida como um teste passivamente experimentado: assim, a mãe necessária e amada não está mais ali. Toda a pena depende da espera, aceita, avaliada, conforme sua duração e a incerteza da volta, conforme as causas retidas numa perspectiva de retorsão, e nas substituições que vêm atenuá-la. Mas se a ausência aparenta ser irreversível, a partida equivale a uma morte: podemos até ver nisso o caminho pelo qual pode ser pensado esse desconhecido intransponível.

Mas é preciso também ter em conta as fantasias e os anseios de desaparecimento que visam a mãe nesse mesmo contexto: podem ser apenas um desejo de independência, mas ao extremo um apelo à morte do mau objeto. Nos dois casos a culpa, sobretudo na segunda orientação, acompanha essas negações vitais. Reações de *luto*, precoces e imaginárias, podem então complicar o quadro e perpetuar-se no adulto.

Estes diferentes impactos da *negação* acompanham intimamente o estabelecimento de *diferenças*, no caso aquela que separa e delimita o *desconhecido* em função do conhecido.

As reações para com o desconhecido prestam contas da estruturação psíquica. Assim, o horror presente na foraclusão dos significantes acarreta uma derrelição que, como indiquei, os sintomas psicóticos tentam compensar. Com as neuroses, o recalque aumenta o campo do desconhecido: a neurose obsessiva esforça-se pelo poder absoluto do pensamento em dominá-lo graças a um deslocamento que se desvia do sexual mas se fecha em conseqüência numa procura repetitiva tão vã quanto ilimitada; e a histeria, por seus sintomas metafóricos, na angústia em que desaparecem os significantes recalcados, provoca e desafia o desconhecido sexual do outro.[7] Na fobia, este mesmo desconhecido é transportado e localizado num objeto que em razão dessa fixação espacial permite o repouso de uma evitação. Enfim o perverso, o fetichista, usa de uma oscilação metafórico-metonímica no curto tempo da excitação sexual em que um objeto vem por um movimento alternado entre o pênis materno e o falo apagar o desconhecido do sexo da mãe.[8]

Mas se colocarmos em primeiro plano a relação entre o desconhecido portador da negação e a diferença que se aplica à identidade individual, quando são estabelecidos os significantes de diferenciação em função do Outro, inclusive na oposição, fica claro que esse vínculo depende das relações de *ligação* e de *separação* estudadas por J. Bowlby.[9]

A ligação permite a aquisição de significantes, o estoque de informações, delimitando um campo de conhecimentos e identificações. Se o modelo parental compreende a abertura ao desconhecido, esta pode se transmitir. Mas laços de dependência, de passividade, em resposta por vezes a uma dominação marcada, excluem a relação de desconhecido, a não ser que uma atitude de revolta leve a fazer o contrário do sistema imposto num sentido ou no outro.

A separação, desde que não seja fonte de sofrimento excedendo os limites da autonomia, torna-se também o fermento de uma curiosidade voltada para o desconhecido e as descobertas. Mas pode igualmente, quando recusa os laços, persistir em dissimular uma ligação insatisfeita e dessa maneira destruir todo acesso real ao desconhecido: o masoquismo reproduz os bloqueios da renovação, as relações defeituosas (com o "mau objeto" mantido enquanto tal) e as decepções quanto a vantagens que permanecem inatingíveis (de um "bom objeto" idealizado).

A relação de desconhecido abrindo-se para progressos implica, pois, uma ligação benéfica que não seja uma enfeudação e assegure uma transmissão, e uma separação positiva que mantém as mudanças exploradoras.

A religião e o desconhecido da via apofática

A vida comporta o desconhecido: ele constitui a felicidade das surpresas, dos acasos, das descobertas; é também o risco dos sofrimentos e da desolação. Contra a inquietude despertada por uma espera da infelicidade, a humanidade soube encontrar compensações mentais (ilusões, diria Freud) na religião que propõe uma esperança de alcance coletivo em relação ao desconhecido angustiante. Contra o futuro imprevisível, o apoio favorável de uma potência divina é proclamado. Sobrepujando o temor da morte, desconhecido invencível, a imortalidade da alma e até do corpo é afirmada. E respondendo às questões sem resposta de uma origem ou de um desconhecido impossível de ser conhecido para um estado dado da ciência, oferecem-se os relatos de criação e a eternidade divina, por meio das revelações sagradas.

Assim, a angústia é estancada, os mitos recobrindo o impossível de ser conhecido. Entretanto, as religiões monoteístas de nossa civilização não recusam esse desconhecido, mas, ao contrário, mantêm-no no sentido positivo de uma superação levando a Deus. E essa abordagem direta não é dissociável das representações específicas de cada religião e sobretudo nas correntes esotéricas da gnose e do misticismo.

• Já no judaísmo[10] tradicional, o tetragrama YHWH, que só excepcionalmente era pronunciado durante cerimônias como o grande perdão, encontra-se totalmente interdito de enunciação após a destruição do templo. Não se trata apenas de afastar intenções mágicas que teriam explorado o poder do nome divino, mas também, acrescentarei, de evacuar a ação destruidora voltada contra esse próprio nome. O temor reverencial caminha junto com o desconhecido insondável de Deus, assim evidenciado, ao oposto das imagens mentais de um Pai identificável em suas qualidades, de um Senhor (o nome de Adonai pode com efeito ser proferido) protetor e justiceiro, todo-poderoso e outorgando uma lei sagrada.

Os comentários talmúdicos e da cabala prosseguem esse remontar rumo ao desconhecido divino com, no Zohar, o *en-sof*, aquela luz, coisa mais oculta, ou nada, impossível de ser conhecida, e acima do começo de todos os começos (cf. G. Scholem, *Le nom, op. cit.*, p. 32). Da mesma forma, um limite de proferição fonemática e de interrogação em suspenso diante do desconhecido é dado no Zohar por este outro nome divino: *Mi* (cujo sentido é: quem?).[11]

É notável que o desconhecido, sob a responsabilidade de Deus, em sua infinidade e eternidade, ao passo que se manifesta aos homens (ainda que sua visão não possa ser suportada), concentra-se na enunciação do nome, e não nos caracteres gráficos, pois os fonemas, os significantes digitais proferidos são os únicos dotados de um poder sobre Deus, ainda que seja o de decompor sua potência no desconhecido.

• Com o cristianismo, o desconhecido recolhe-se de novo no dogma com estes *mistérios* impenetráveis à razão que são a Trindade, a Encarnação, a Ressurreição. O próprio Deus é, enquanto Filho, um ser de carne, submetido à morte e vencendo-a em seu corpo, definitivamente vivo, nele e nos pensamentos dos homens. A fé é assim animada pelo fato de que a crença só se desabrocha diante do incrível.[12]

Mas a declaração "Deus está morto" traz em si o desconhecido supremo que acabaria se traduzindo por "Deus é a morte" para colocar a vida até na morte.

As correntes místicas vão desenvolver particularmente esse potencial de desconhecido segundo duas vias apofáticas que se correspondem. A primeira está centrada no homem e numa aspiração ao não-saber absoluto. Isto é uma constância da mística, seja ela muçulmana, com os sufismos, ou budista, com o nirvana. A progressão necessária propõe-se numa ascese. São João da Cruz, no século XVI, mostrou a direção com "A subida do Monte Carmelo" e "A noite escura".[13] E Mestre Eckhart, bem antes, no século XIII, havia ensinado precisamente esse desligamento mental. Cito: o homem deve estar "vazio de qualquer conhecimento que poderia ainda manifestar-se nele";[14] "deve estar vazio de seu próprio saber, como no tempo em que ainda não era" (p.256) "de tal modo que não saiba absolutamente nada nem de Deus, nem da criatura, nem de si-mesmo" (p.257). "A renúncia suprema, para o homem, é renunciar a Deus por amor a Deus" (p.177). Há na alma algo "que supera a essência criada... algo onde não há nada". É um parentesco de espécie divina, uma Unidade em si-mesmo...", "um país estrangeiro, um deserto por demais inominável para que o nomeiem, por demais desconhecido para que o conheçam". Eckhart aconselha: "Se pudesses te aniquilar a ti mesmo, fosse apenas por um instante ou até por menos tempo que um instante, então tudo isso só a ti pertenceria como aquilo que reside nesse mistério incriado do dentro de ti mesmo" (p.231). "... só podemos ver Deus pela cegueira, conhecê-lo só pelo não conhecimento, compreendê-lo só pela desrazão" (p.241).

A segunda via faz de Deus um desconhecido absoluto. Encontramos igualmente em Mestre Eckhart proposições desse gênero. Citando "mestres pagãos" (provavelmente Proclus ou o Pseudo-Hermes), afirma que "Deus é alguém cujo nada preenche o mundo inteiro, e seu *algo* não está em lugar nenhum. E é por isso que o *algo* de Deus não é encontrado pela alma enquanto ela não tiver sido reduzida a nada..." (p.249). Deus está escondido (p.251), "não é nem essência, nem razoável, não conhece nem isto, nem aquilo. É por isso que Deus está despojado de todas as coisas, e é por isso que ele mesmo é todas as coisas" (p.257). Assim se impõe na via apofática um *Deus absconditus*, esse *agnostos theos* que deixaria entender a inversão do Deus desconhecido em desconhecido (que é) deus.

Esse absoluto, tanto do lado do homem no não saber, quanto do lado do que é impossível de ser reduzido no pensamento, no caso Deus, caracteriza o misticismo, desde que guarde laços, até potenciais, com uma religião, sua doutrina ou suas ramificações gnósticas. Ademais, essa aspiração para o desconhecido acarreta duas práticas diferentes. A procura do vazio mental conduz ao êxtase, à jubilação atingida numa união, uma núpcia transcendente com a potência divina. Mas ao inverso essa subida pode ser recusada ou condenada como sensual demais ou grosseira e só a busca do vazio vem sustentar um completo ascetismo.

Com Angelus Silesius, no século XVII, encontramos semelhante pensamento radical.[15] "A deidade sutil é Nada, Sobrenada" (I. 111, p.79). "O abandono apreende Deus: mas abandonar Deus mesmo, é um abandono que bem poucos homens compreendem" (II. 92, p.125). E nesse último aforismo culmina uma fé muito cristã: "Não há morte. Não creio na morte: ainda que eu morra a cada hora, encontrei cada vez uma vida melhor" (I. 30, p.67).

Nos nossos dias, enfim, uma busca tão rigorosa do desconhecido, de poderes mentais tão intensos, quis libertar-se de qualquer ligação religiosa. Georges Bataille, com sua *Somme athéologique* (1943), (divulgada em 1953),[16] tocara uma geração na órbita do surrealismo. Essa obra relata com efeito uma "experiência interior" diferente dos intentos místicos, fora de qualquer confissão, e para além das emoções do êxtase,[17] numa procura do desconhecido preservado das idéias recebidas que poderiam dele desviar, filosóficas, sociais e sobretudo científicas, isto é, nas próprias bases do conhecimento. Essa experiência induzida pelo desespero libera-se das vantagens esperadas pelo pensamento cristão, ou hindu, e limita-se a uma renuncia "ateológica". Encontra a reflexão de Nietzsche, inspira-se de seu riso, como abertura ao desconhecido onde se revela a morte. Vai até o impossível de um limite extremo, recebido enquanto suplício. Bataille descobre aí os poderes do erotismo, da despesa e do sacrifício para superar qualquer moral e qualquer projeto. Entre os místicos cristãos, assinala, por exemplo em Ângela de Foligno agonizante, em seu grito clamando "O nada desconhecido", o eco dos confins alcançados, transpondo as balizas dogmáticas.

Assinalaremos ainda na meditação de Bataille sobre a poesia que esta "leva do conhecido ao desconhecido", e que coloca "diante do impossível de ser conhecido", onde as imagens "só são solicitadas para morrer. No que a poesia é sacrifício" (p.173), mostrando assim, como confessa no entanto, apenas uma de suas "formas estreitas" (p.175). E a respeito de Proust, diz com muita justeza que é "a parte de desconhecido que dá o poder de seduzir. Mas o desconhecido (a sedução) se esquiva se quero possuir, se tento conhecer o objeto" (p.177). Além destas reflexões cujo interesse se deve à atenção dada à descoberta, a *démarche* própria de Bataille consiste num abandono ao impossível de ser conhecido, como liberação, "operação soberana" que supera todo servilismo, principalmente em relação à morte e à dor (p.253), e pela destruição dos sistemas de pensamento, enfrenta a solidão. Este "método de meditação" evoca de fato um aumento de forças narcísicas na experiência "soberana", centrada essencialmente na intricação entre a morte e o sexo. Mas nenhuma alusão é feita aí à psicanálise, embora naquele tempo o surrealismo soubesse encontrar nela uma fonte de inspiração.

A experiência do desejo

Esse percurso pelas vias extremas do apofatismo leva-nos a encontrar os mecanismos mentais que em todo ser humano em busca de prazeres incitam a uma superação, para a realidade talvez, mas também para os projetos e os ideais, explorando as fantasias e as ilusões: este motor deve agora ser designado como o *próprio desejo que anima todas as experiências dirigindo-se para um desconhecido aceitável, benéfico ou fascinante*. A experiência do desejo, como o desejo da experiência, são indissociáveis do desconhecido e das *fantasias* que o acompanham.

Freud dava amplo espaço ao desconhecido e particularmente a respeito do inconsciente sobre o qual dizia que a "natureza íntima é tão desconhecida (*unbekannt*) quanto o real do mundo externo", e que ele "é tão incompletamente manifestado nas informações da consciência quanto o mundo externo pela relação de nossos órgãos dos sentidos".[18] O que não quer dizer que seja para voltar a uma posição mística onde o inconsciente e o real seriam apenas impossíveis de serem conhecidos, ao passo que de maneira manifesta a psicanálise mostrou que havia o passível de ser conhecido no inconsciente do mesmo modo que no real explorado pela ciência.

Antes de mais nada, saliento aqui que o termo *experiência* é tomado na acepção indicada por Bion: *Learning from experience*,[19] isto é, aprendizado, desenvolvimento do pensamento, a partir da memorização sensorial, emocional e comunicativa que toma sentido pela organização do que Bion chama de os elementos-alfa, isto é, significantes, tanto analógicos quanto digitais. Esse movimento, essa evolução, para um mais-além de um status quo, desde a maturação biológica, o progresso na compreensão, o saber e as relações humanas, é sustentado pelo *desejo*. Logo, entendemos que essa *antecipação* indispensável para dar sentido pela cadeia dos significantes sempre extensível é movida pelo desejo, portanto no próprio seio da atividade mental que sempre intervém, deve-se ressaltar, em toda manifestação humana. O desejo é o que move não só os laços de *amor* e de *ódio* e evidentemente de *conhecimento* descritos por Bion, mas também suas transformações.

Ora, a psicanálise trabalha para evidenciar os desejos, na obtenção dos prazeres que eles permitem alcançar em sua materialidade, aceitos ou recalcados, inconscientes, entrando em conflitos entre si, e na própria busca, em sua dinâmica e no sentido que ela enceta em relação à realidade e aos ideais.

A experiência ao longo da análise é a da *diferença* pelo desejo: para o analisando, com as mudanças que se realizam em seu pensamento e em sua vida; para o analista, por uma evolução de sua compreensão que intervém, em sua prática e teoria, contanto que possa pôr em suspenso um saber num questionamento.

Mas a *experiência* do desejo é sobretudo o acesso às implicações que o especificam.

• Com efeito, como Lacan evidenciou, o desejo não se reduz à *necessidade*, caracterizada por um objeto insubstituível de ordem fisiológica e amplamente excedido pelas construções das *fantasias* que são específicas a esse desejo. Da mesma forma, este se distingue da *demanda* de amor (dirigida à mãe inicialmente, e que desvia para o autosacrifício e a onipotência masoquista). O desejo supera o outro, seus códigos e particularidades, ao mesmo tempo em que tem que ser reconhecido por ele; não se reduz à conquista do objeto com suas qualidades patentes. Mas tampouco é desencarnado; toma apoio nas balizas do passado, nas lembranças das satisfações e dos sofrimentos, e nos significantes correspondentes. Assim fazendo, na lembrança do *objeto perdido*, leva, ao situá-lo, a dele se desprender.

• A abertura do desejo resulta ser o *desejo do Outro*. Essa *diferença* está sediada não apenas em outrem mas em si mesmo e, mais do que em traços e códigos distintos, na potencialidade do inconsciente. A experiência da diferença nasce portanto no mais íntimo do pensamento, como resultado das primeiras *demarcações*, e como *separação* das primeiras organizações que não são modelos cristalizados mas pedem para ser superadas, justamente na medida em que se estabelece uma relação simbólica com o Outro.

• Assim toda experiência de desejo conduz a *apreender o desconhecido*. Para isso, é preciso que este tenha se liberado das reações catastróficas e de derrelição infantil cujas impressões freqüentemente encontramos no uso "demoníaco" que pode inspirar, no niilismo, na violência e na inquisição, ou simplesmente na angústica mantida e nas reações masoquistas perpetuadas.

Para que o desconhecido no desejo tenha toda sua potência motora importa que experiências felizes de descoberta tenham podido se realizar, tanto no plano físico, motor, quanto no plano mental.

De modo que o desconhecido pode ser circunscrito, e mesmo nomeado, quer se trate do não saber temporário, da passagem a um novo conhecimento, ou de um impossível de ser conhecido, irredutível, baliza de nossa finitude.

Mas freqüentemente é no a posteriori que essas transformações são reveladoras dessa instância.

Se o desconhecido é a causa do desejo, ele é também o objeto contanto que um *objeto de perspectiva* o represente. Tem ele assim uma função organizadora graças a esse objeto limite, inapreensível mas servindo de pólo atraente e estruturante.

• Acabamos assim por precisar as relações entre o desconhecido e os *ideais* por meio do objeto de perspectiva. Pois os diferentes Ideais do Eu (distintos das fascinações narcísicas do Eu ideal) propõem uma abordagem e uma conquista do desconhecido pela via de objetos de perspectiva próprios a cada um deles, assumindo com bastante freqüência tamanho relevo que podem recobrir ou dissimular o desconhecido em causa. São assim trampolins para o desejo.

Mas os cinco campos de ideais que se oferecem aos homens têm o enorme poder de orientar seus desejos ao suscitarem um reconhecimento mútuo no qual se constitui uma aliança, fonte possível de harmonia. Assim:

• Na religião, para o desconhecido da morte, como vimos, o desejo torna-se fé, esperança, encontrando o objeto de perspectiva de uma imortalidade, individual ou em sua linhagem.

• Em filosofia, uma sabedoria para conduzir a vida, objetivos de felicidade, desde os mais prosaicos até os mais sofisticados, tentam controlar, no Eros e no sexo, na destruição e na morte, o desconhecido do destino e as eventualidades da existência.

• Em política, um projeto semelhante interessando à sociedade apóia-se na organização econômica, tendo por objeto de perspectiva uma teoria dominante apta a atingir um progresso nas condições materiais da vida, ligada freqüentemente a um mentor, e orienta os desejos através do exercício do poder, na cidade e nas relações internacionais até assumir a responsabilidade pela guerra e pela morte em seu alcance coletivo.

• Com a arte, a experiência do desejo descobre que todos os segredos da alma podem se manifestar circunscrevendo o desconhecido tanto na via metonímica como intento final das linhagens significantes, quanto na condensação, incluídos no cerne mesmo da metáfora. Esta potência de crença que nasce da oscilação metafórico-metonímica, esta ilusão maravilhosa de recriar o mundo conforme uma repartição de todos os pensamentos mais íntimos na invenção e na beleza de uma obra, arrastam o desejo para um acréscimo jubilatório de vida.

• Enfim a própria pesquisa científica exige uma fé na realização de um programa e na pesquisa, assim como nos benefícios que podem ser esperados, onde o desejo persegue um domínio sobre um *desconhecido polar*, delimitado como tal para afastar o inacessível, objeto de perspectiva eletivo.

Todos esses ideais comandam os desejos humanos e por isso não podemos ignorá-los no trabalho da psicanálise.

• Mas outra relação deve ainda reter nossa atenção: a que une o desejo à lei. Foi dito que "a lei e o desejo recalcado são uma única e mesma coisa", e que o desejo é "o avesso da lei".[20] Entretanto, a lei oferece duas vertentes: a do interdito (afastando o incesto, o parricídio) mas também a da *prescrição* que dá outras direções ao desejo.

Se o desconhecido situa-se primeiramente em relação à mãe, a lei que abre a relação dual com o pólo paterno é recebida pela criança igualmente como um desconhecido na via de um progresso possível que se impõe em função do Pai morto simbólico.

Em conseqüência, a força motora do desconhecido aplica-se conforme a lei às transformações das *sublimações*, no sentido mesmo das prescrições e no quadro dos ideais dominantes.

É aqui que importa precisar que *as sublimações constituem-se fundamentalmente por uma transposição de um desconhecido relativo aos recalques e ao inconsciente num desconhecido assumido, elaborado em descobertas pelos ideais.*

Desse modo, a sexualidade dá origem às relações do amor, aos laços que se tecem no próprio pensamento, em sua lógica e verdade, o desejo dirigindo-se para as descobertas e as invenções em relação ao desconhecido. Mas, inversamente, a violência e a agressividade destruidora continuam a esforçar-se para combater, conforme os ideais correspondentes, o mal, ou a infelicidade, o ódio, o fracasso estético, a mentira e o erro.

O desejo não é portanto abolido pela lei. Ele nela se reconhece na medida em que ela não se reduz a rígidas e incompreensíveis proibições mas em que é a metamorfose na corrente positiva das prescrições.

Ora, o desejo não se dissocia da evolução sexual que atravessa as etapas das fantasias de castração em função da diferença dos sexos: está, pois, ligado ao *falo* já que se pode dizer deste que é o próprio significante do desejo, como baliza constante em seus avatares, em seu impulso vital.

Mas a sexualidade não deve servir de tela a esse desconhecido maior, que jaz em todos os ideais, cada um se aplicando em vencê-lo, inclusive os mais científicos: o *desconhecido da morte*. A tal ponto que o desejo puro, aquele que se precipita rumo a esse desconhecido, ao desprezo, por vezes megalomaníaco, de toda satisfação, é um desejo de morte.[21] O exemplo de Antígona mostra que as leis sendo colocadas fora de jogo, pelos próprios deuses que impõem aos homens, à revelia destes, a transgressão, a jovem adere à subversão da mãe Jocasta e como ela se dá a morte. A extrema transposição, a do *sacrifício*, individual ou coletivo, põe em ação a morte. E a ruína dos ideais, ou das leis, ou, ao inverso, a paixão por um ideal irrealizável, levam, nos combates ou nos condutas suicidas, a escolher a morte, para negar-lhe o resultado natural, isto é, para vencê-la absolutamente em sua própria realização.

Interpretar em análise o desejo é pôr-se à escuta do inconsciente, para, como vimos, ir mais longe que a necessidade e a demanda, e desvelar um mais-além, uma superação que visa um desconhecido, distinto das balizas adquiridas e excedendo-as, e no entanto *em relação íntima com as fantasias recalcadas*, a serem necessariamente balizadas. O que faz com que se extraia, no desejo do Outro, estes objetos de perspectiva que são os ideais que ativam os desejos para um desconhecido, para que transformações, descobertas possam ser alcançadas, no quadro mesmo da lei, as sublimações operando para sobrepujar, por diferentes meios, sempre a morte numa vida aspirando pelo espírito a alguma qualidade, até seu termo derradeiro.

IX

O DESCONHECIDO NA IDEALIZAÇÃO DO DESEJO*

Uma reflexão sobre o desejo, tal como podemos avançá-la hoje, acaba por dele extrair o desconhecido como causa e como objeto.[1] E propus chamar de *objeto de perspectiva o significante do desconhecido* que move o desejo em todo ideal.

Assim, importa fazer a distinção entre um *desconhecido passível de ser conhecido* e um *desconhecido impossível de ser conhecido*, sabendo que ela anima todas as questões, desde as da vida corrente, indo para respostas, com o risco aceito de não encontrá-las, mesmo provisoriamente, até as que sustentam toda pesquisa, toda ciência, de ensino ou de descoberta.

Isto implica a capacidade de aceitar esse desconhecido, sua suspensão, e de delimitar um campo de *desconhecido polar*[2] onde se calcula e se espera logicamente uma resposta. Deve-se além disso não se satisfazer de modo algum com soluções que, derivando da fantasia, do mito ou da magia, vêm obturar o acesso ao desconhecido. O vínculo com o inconsciente, com as fantasias portadoras de desejos, bem como a relação com os prazeres, com a sexualidade, passam necessariamente por esse desconhecido, livre de toda ameaça. É a separação vivida e assimilada, inicialmente com a mãe, contanto que não tenha sido bloqueada pela derrelição, que o deixa necessário e utilizável para felizes explorações.

---

* Intervenção nas Journées d'Études Freudiennes (C. Stein), realizadas em 25 e 26 de setembro de 1993, sobre o tema "O inconsciente, o incesto e a dimensão do trágico em psicanálise".

Além disso, o desconhecido impossível de ser conhecido deve estar ao alcance do pensamento, pelo simples fato de que um saber absoluto é inacessível e, para a psicanálise, que o inconsciente e as fantasias permanecem inesgotáveis.

Mas essa relação entre os dois desconhecidos, em contínuo movimento de elaboração, de recolocação em causa, pode ser alterada por um desequilíbrio em que o desconhecido se apaga na segurança de um saber absoluto, a não ser que venha desvalorizar todo conhecimento e dar livre jogo às fantasias e ao poder absoluto do pensamento que se aplicam a controlar o impossível de ser conhecido.

E nessa última orientação, o futuro, individual ou coletivo, a morte sobretudo, desconhecido irredutível, em sua hora, suas modalidades, e principalmente na impossível memória de se tê-la vivido, focalizam as idealizações de um desconhecido impossível de ser conhecido.

Pois todos os ideais mobilizam o desejo enquanto objeto de perspectiva específica; são movidos pelo desconhecido, desde o passível de ser conhecido (que surge com o Ideal do Eu conforme o princípio de realidade) até no mais-além do impossível de ser conhecido (interessando então o Eu Ideal e as aspirações narcísicas para explorá-lo ou anulá-lo).

Encontraremos portanto o desejo e seu desconhecido de acordo com as cinco grandes atividades mentais que, de maneira sutil, dividem, através do incrível das crenças, seus tratamentos próprios do impossível de ser conhecido. Em cada uma delas a coletividade abre uma via para encontrar uma resposta ao desconhecido, via na qual se sela a aliança que permite prosseguir os projetos comunitários.

- O ideal da religião pôde oferecer soluções antes de mais nada à angústia da morte, mas também ao sofrimento imprevisível, tocando os indivíduos e a coletividade, e prosseguindo através das gerações. Sabe controlar a culpa através de preceitos de vida moral. Os monoteísmos resolvem assim o desconhecido pelas Escrituras, ao mesmo tempo em que situam um desconhecido insondável em um Deus personalizado.
- O ideal da ciência é a descoberta de leis utilizáveis no mundo físico e nas relações humanas e sua história, na atividade mental. Por isso a psicanálise é uma ciência que estuda os mecanismos psíquicos relativos aos desejos, ao amor, a Eros. Recusar-lhe este objetivo obrigaria a situá-la nos quatro outros campos, religião ou magia, filosofia, política ou estética.

Mas a pesquisa científica é sem fim: nesse sentido, ela encontra seu desconhecido impossível de ser conhecido em sua busca de saber.

E a medicina que luta com sucesso contra as doenças e a morte encontra nesta um limite intransponível.

• A política, por sua vez, tem o ideal de ordenar os poderes econômicos, de assegurar uma justiça social e de exercer uma potência material que age nos enfrentamentos sociais, governando as guerras e por conseguinte a morte. Todavia, esta não é suicida mas entra em *jogo* como um risco do qual se deve sair vivo e vitorioso (ou decidir-se pela derrota). O desconhecido permanece portanto ligado a ela nos períodos de conflitos, mas depende também das eventualidades de um sistema econômico ou ideológico e no futuro de felicidade definida e prometida segundo os ideais sociais em curso.

• O ideal estético recolhe através das civilizações os desejos e as fantasias para dar-lhes uma presença viva em obras que concentram o desconhecido, nem que ele seja impossível de ser conhecido, ao fio das metonímias e no cerne das metáforas, numa oscilação específica própria para produzir uma jubilação.

Enfim, a filosofia propõe-se, antes mesmo da autonomia e dos progressos dos campos precedentes, uma avaliação racional das morais, desde as mais prosaicamente hedonistas, das lógicas e das línguas segundo uma gramática dos enunciados, dos conceitos privilegiados (a sabedoria, o Ser ou o Nada), de ordem psicológica ou metafísica. Mas tende sobretudo a confrontar as aquisições das diferentes disciplinas por um questionamento *crítico* a fim de fazer advir a *verdade*: e esse acesso só é possível pelas descobertas que fazem passar do desconhecido ao conhecido, no próprio movimento destas.

Todos esses ideais, decerto, em suas cinco amplitudes, animam as promessas de esperança e os projetos humanos e, no sentido da esperança, *não cabe, podemos dizer, ceder no desejo e na abertura ao desconhecido.*

Impossível de ser conhecido. Desejo puro. Gozo e masoquismo

Mas todo ideal pode escoltar o desejo para um absoluto e tender para um desconhecido impossível de ser conhecido que se distancia das balizas e das aquisições de uma experiência que tem em conta a realidade, principalmente aquela dos prazeres e das satisfações acessíveis. Nessa tendência do desejo "puro" (para retomar a fórmula de Lacan a propósito de Antígona)[3] um rigoroso e austero desligamento, orgulhoso sobretudo, uma depuração que se desvia daquilo que é taxado de impuro e inútil, um pendor para a purificação das imundícies e dos erros, adquirem uma potência *passional*. É então que há *gozo* em perseguir essa *catarse* que pode crescer sem limites, numa inversão imperiosa dos valores, mas também dos prazeres comuns.

Descobrimos essas idealizações maciças do desejo enquanto "puro", convergindo para um desconhecido impossível de ser conhecido, em diferentes fixações psicopatológicas mas também em fascinações sociais que levam a uma exigência de sacrifício e morte.

Não podemos portanto negligenciar esse desejo puro tanto numa antropologia geral quanto na particularidade da relação psicanalítica. As características que marcam o desejo puro são de três ordens:

• É primeiramente um afastamento, como indiquei, saciações trazidas ordinariamente pela busca desejante, seguindo a superação das necessidades e da demanda de amor para um mais-além dos prazeres conhecidos e experimentados, onde se reativa o desconhecido do desejo, desde as diferenças que toda repetição implica, desde o simples aumento de número. Com o desejo puro essas satisfações são negligenciadas ou rejeitadas e tornam-se objetos de desprezo.

• Por essa trajetória uma inversão maior tem lugar: o poder absoluto do pensamento *narcísico* esmera-se em fazer emergir o *gozo* do próprio *desprazer*. Tal pendor torna-se a prova de um poder autônomo que, longe de depender dos outros e do mundo externo quanto ao sofrimento experimentado, produz em si mesmo esse Outro e a causa única da pena, então fomentada em suas características e sua intensidade, podendo chegar às maiores violências, às mais surdas remanências, e em relação às quais o que teria sido imposto pelo outro torna-se irrisório. O sujeito narcísico inventa melhor e com mais ferocidade o que prevê ter que agüentar. Um *excesso*, por conseguinte, no prazer mesmo, no desejo, invertidos em dor e em desprazer, manifesta a prevalência desse gozo, para instaurar fora de todo limite uma perenidade inviolável. Reconhecemos o mundo de Sade que no fim das contas é apenas a projeção objetivável dessa organização *masoquista*. Pois fica claro que, desde a pequena infância, a educação intricada com a demanda de amor em relação à mãe implica dobrar-se aos interditos, mas também construir uma culpa fundamental a ser satisfeita quando a demanda de amor insaciável voltada contra si mesmo torna-se uma emulação masoquista, e isto na medida em que a referência à castração e à finitude não se constituiu.

• E nesse severo afastamento dos prazeres, sobretudo os mais diretos e os mais simples, os mais reconhecidos, reforça-se e domina esse desejo puro que só aceita, por um crescimento temível, um desconhecido impossível de ser conhecido cuja principal aspiração, a mais constantemente chamada, é a morte, voluntária, escolhida em seu enigma intenso, grande Outro.

Paixão. Incesto. Mentor e bode expiatório

Mas esse desejo puro encontra-se singularmente unido a uma exaltação passional.

Já com o fervor amoroso em que o objeto é idealizado ao máximo tanto quanto a relação aguardada na esperança de uma felicidade superlativa, a exclusividade do gozo desqualifica qualquer outro prazer.

Conhecemos as formas patológicas, delirantes, do amor, em suas três formas:

- A fixação dos *delírios passionais* sobre o "eu o/a amo"[4] basta para fazer desaparecer o desconhecido correlativo do "ele (ou ela) me ama", para deixá-lo em sigilo, ou para reservá-lo a uma espera num futuro jamais alcançado.
- Com a *erotomania*, ao inverso, o "ele (ou mais raramente ela) me ama" suprime igualmente o desconhecido por uma afirmação delirante. O fato dessas duas formas serem quase sempre psicoses femininas (como lembra N. Kress-Rosen)[5] conduz a interrogar sobre a decisão que torna impossível ou duvidosa a reciprocidade: a mulher aparece então numa indefectível segurança quanto aos sentimentos, autorizando dessa maneira uma declaração triunfante: há nisso talvez uma transposição que compensa no amor a foraclusão do simbólico paterno que deveria ter levado em conta o desconhecido.
- No *ciúme* e na *paranóia*, o desejo puro liberta-se do desconhecido por um duplo retorno: o que deveria ter sido apenas acaso identificável, ou banalidade, e por isso compreensível, logo sem ser portador de desconhecido, torna-se fonte de interrogação e de desconhecido incompreensível que é então dominado por explicações delirantes cuja coesão é mais uma vez devida à célula "ele (ela) me ama", onde a formulação negativa de não ser amado(a) vira perseguição cujo ódio aniquila a esperança do amor. No ciúme, o casal exterior reconstituído reduz-se ao desencadeamento da cena primária.

Por conseguinte, a morte vem apenas como uma violência extrema para resolver uma tensão insuportável, como desfecho em que se confundiria com o amor de um puro desejo.

Numa outra perspectiva, a *paixão mística*, enxertada nas religiões, atinge sem dúvida, nos três monoteísmos, mais freqüentemente as mulheres. Aqui a relação de amor entre Deus e a alma não ocorre sem fazer desta uma entidade feminina em função da potência masculina de Deus. As efusões e exaltações que vêm após áridas expectativas são incontestáveis fontes de alegrias amorosas.

Mas o desejo puro tendo por alvo o desconhecido impossível de ser conhecido não pode de novo ater-se apenas a essas delícias que devem ceder a outros gozos mais austeros.

As representações humanizadas de Deus, Mestre Eckhart o mostrou rigorosamente, apagam-se por sua vez para que essa íntima apreensão interior passe por estádios de progressiva depuração mental. Todavia, essa ascensão apofática permanece no quadro de uma mística, já que não recusa uma obediência aos fundamentos de uma fé religiosa.

No plano da conduta moral na vida, o desejo afina-se igualmente na recusa aos bens deste mundo, principalmente entre os cristãos quando, por uma estrita exclusão sexual, o celibato e a castidade são livremente escolhidos pelos religiosos, nos conventos, ou outrora entre os anacoretas do deserto. É lícito ver nessas orientações uma recusa da fecundação sexual, desqualificando a relação carnal do pai e da mãe na cena primária. Assim fazendo, ao interromper o prolongamento genealógico conforme a vida dos corpos, ao aceitar uma morte antecipada da linhagem, uma transposição para um Pai Idealizado e seu correspondente materno enquanto comunidade milita em favor de uma transmissão espiritual através das gerações e mais-além da morte.

De modo que essa castidade torna-se para um filho uma desaprovação carnal do pai, e para um irmão o fato de ingressar na religião serve de exemplo a estimular essa dissociação.

Entretanto, a fidelidade por essa via numa sucessão espiritual mantém um laço não somente em negativo com a cena primária mas com o incesto que persiste virtualmente pelo fato de que essa fixação desvia de qualquer outro investimento sexual real. Aí encontramos de novo a impossibilidade de desatar o incesto que Guyomard sublinhou a respeito de Antígona. Voltaremos a isso.

O desejo puro nutre por conseguinte o desconhecido sexual em sua valência de impossível de ser conhecido. Sua idealização extrema transfere toda sua potência libidinal para a relação com Deus, na reciprocidade do "Ele me ama" — "Eu o amo".

Mas a morte, em certas épocas, serviu também de razão para aqueles que recusavam renegar suas crenças quando eram forçados a isso. Os mártires mostravam uma fé ardente que condenava a obtusão e a selvageria do adversário perseguidor e encorajava pelo exemplo o fervor dos fiéis. Tal incitação, embora não constituísse uma demonstração lógica das razões para crer, servia no entanto para dinamizar a aliança e a esperança daqueles que guardavam a memória. As guerras de religião, desde os primeiros cristãos em Roma, desde Massada para os judeus, em seguida com o djihad, depois com os protestantes, mantiveram esse poder de transmissão pela morte.

Mas temos que examinar com alguma atenção o heroísmo que todo *mentor* pode dar como exemplo, quaisquer que sejam os ideais que promove, ainda que os da religião e da política sejam socialmente os mais violentos. Basta lembrar o que passaram os grandes inovadores, nos monoteísmos, nas lutas históricas, nas artes ou nas ciências, e mesmo em psicanálise, citando apenas Freud ou Lacan.

As duas ameaças maiores que eles devem enfrentar são sempre o abandono, a solidão invasora, mas também a *traição*. O aguilhão que é manejado pelo mentor para reativar o ardor de seus fiéis invoca esse duplo perigo, vindo do exterior, dos inimigos, mas igualmente da massa ardente. É verdade que cerramos fileiras para proteger o mestre: as perseguições a Freud foram essencialmente as do nazismo mais do que o abandono pela maioria de seus primeiros discípulos. E com Lacan os conflitos levaram a que se decretasse a restrição de suas funções, o que teria conduzido, de resto (se tivesse sido aceito o interdito das supervisões e das análises didáticas, por ele e por F. Dolto), a um total sufocamento.

É verdade também que o desenvolvimento de um pensamento novo levanta a esperança de ser reconhecido, aceito e difundido sem deformações. Os afastamentos são efetivamente sentidos como traições que desviam do projeto. Só e traído, Freud descobriu sê-lo em relação a seus discípulos.

Todavia, um pensador, até mesmo um mentor, deveria estar em condições de julgar a mera adesão dos seguidores reduzida a citações e fórmulas estereotipadas, e um trabalho que faz avançar uma pesquisa numa fidelidade de espírito abrindo-se para novos desdobramentos. Nesse sentido, todo pensador encontra-se só e traído, mas a maneira conta, por sua justeza e fecundidade. (É verdade que essa liberdade é mais difícil quando a unidade política dos combates deve ser preservada custe o que custar.)

Ora, um grupo em dificuldade recorre quase sempre, para revigorar as energias, a um bode expiatório designado a fim de dar sentido às fraquezas e às infelicidades coletivas. A escolha é então feita de alguém por sua relativa independência, na falta de ser culpado. A operação consiste em suscitar *delações*, às quais se prestam de bom grado os esbirros com algum dom para esse gênero de ignomínia, para destacar uma particularidade que se torna, com o boato ajudando, a causa do mal e de uma traição. Com o que, o isolamento impõe-se pela ruptura de toda relação, o bode expiatório estando assim fadado ao ostracismo. As revoluções sabem tão bem quanto os sistemas totalitários explorar esse mecanismo. E podemos dizer que Lacan enveredou por essa situação.

O heroísmo cria-se a partir dos ideais promulgados pelos mentores. A linha a ser seguida acaba, com as dificuldades que surgem, por não mais aceitar afastamentos. Os castigos, além das conseqüências da delação, o isolamento e a perda de vantagens comuns, compreendem também a prisão e a execução. De modo que, a escolher, num regime autoritário, melhor valeria uma morte no risco calculado dos combates, e dos quais se pode emergir na força e na vitória ou na honra. Tal coerção continua ativa hoje no mundo: a fabricação (e a venda) de armas, a freqüência permanente de combates em nosso globo caminham junto com uma exaltação necessária dos ideais, que não são apenas de força e de dominação, e que se apóiam sempre no desconhecido da morte.

Mas a carga de uma ideologia bem como as conquistas da pesquisa em todos os campos do pensamento põem em jogo um heroísmo, em primeiro lugar o de um labor sustentado, que suscita a admiração e oferece uma satisfação certa àqueles que aceitam as leis. Porém, aí mais uma vez, acontece de o *gozo masoquista* do poder absoluto narcísico tornar-se devorante no cerne mesmo dos projetos, o mero ideal concentrando-se nos esforços a serem fornecidos sem levar em conta as realidades: as penas e os sofrimentos prevalecem sobre os resultados esperados. O desejo puro confunde-se então com o ideal num duplo entrave trágico que trabalha obstinadamente para o fracasso.

Tragédia. Antígona

As paixões de idealidade têm de maneira constante por alvo a imagem do *Pai idealizado*, que a morte não alcança, de uma potência sobrehumana, e cujo amor é uma muralha contra todas as infelicidades. Ele centra as relações com o mentor mas também as psicoses passionais onde o *Pai simbólico* não se liberou de uma prevalência dual.

A tragédia, com Antígona, na qual Lacan valorizou o desejo puro, ilustra, direi, os paradoxos relativos às imagens do *Pai idealizado* que são os deuses.

O duplo entrave ilustra-se aqui do dilema levantado por George Steiner para a tragédia em geral,[6] na reunião de uma "culpa misteriosa", de uma "causa perdida" e de um "coração apaixonado" e rebelde.

Com efeito, Antígona está dividida: o incesto de que é fruto não vem dela. Ela aceita a culpa por uma retomada do habitual percurso fantasístico infantil através da derrelição de que emana finalmente um domínio autônomo que se dobrará a uma lei simbólica de valor universal. Mas ela conhece sua inocência sem poder todavia afirmá-la expressamente, pois seria recusar as condenações que pesam sobre o resultado material do incesto, isto é, sua própria vida. Ela não deve pois transmiti-la, apesar do amor de Hemon.

A lei reconhecida, aceita, que impõe o interdito do incesto, é em seu caso reduzida à enganação e à injustiça dos deuses: estes submeteram Édipo, Laio, e Jocasta a um terrível destino. Antígona sabe disso: poderia ter recusado e denunciado sua ação fatal e ter escolhido a vida. Mas teria sido minimizar ou tentar abolir o incesto e ao mesmo tempo seu interdito. Ao escolher a morte, ela tomou o partido do incesto, voluntariamente prolongado num castigo absoluto, sob a aparência de ritos funerários a serem respeitados por Polinice. Em definitivo, sua morte pode ser entendida como uma total rebelião, não tanto em relação a Creonte mas em relação aos deuses.

Assim se opõem nela sua culpa e sua inocência, o peso de um destino irremediável e uma vontade, um desejo puro de revolta e libertação pela morte. Seu empenho em sofrer os desígnios dos deuses a um só tempo a estrangula e a libera. Por sua inteira adesão ao não sentido ela tem que reconhecer tanto o incesto como o interdito, e para fazer isso, ser-lhe, por uma escolha determinada, apaixonadamente ligada.

Édipo, ao contrário, ao se cegar sem se matar, encontra uma saída que nem Jocasta nem Antígona seguem. Pois a primeira está relativamente consciente do incesto que perpetra, e de sua sensualidade que desconsidera a diferença de idade com o filho; a segunda é captada pela imagem materna à qual se identifica ao mesmo tempo em que a condena para a ela reunir-se no suicídio.

Édipo em Colono dirige uma mensagem através de Teseu à vida cultural de Atenas, onde uma representação teatral fundando a tragédia terá o encargo de incitar, por sua memória, à libertação que a razão deverá perseguir em relação aos deuses, ao mesmo tempo em que afirma a lei humana e simbólica que proíbe o incesto. Isto, evidentemente, é minha interpretação. Daí decorre que a *tragédia escrita é a sepultura* para Antígona e Polinice mas também para Édipo em seu fim misterioso. Quanto aos deuses gregos, sua morte se realizou já que nenhuma crença em seu poder foi sustentada até nossos dias, embora nosso tempo guarde vivas as religiões de divindades mais antigas, e embora a civilização grega tenha no entanto impregnado profundamente a nossa.

O trágico é portanto justamente essa *exclusão* que espera e ameaça toda revolta contra um poder, contra o destino injusto e todo-poderoso, contra a tirania da infelicidade. Mas não evita que se perceba que a própria tirania exclui o que condena. Os deuses com Édipo chegam justamente para lembrar pelo horror do oráculo que o interdito do incesto pode deles liberar-se e ser apenas a obra necessária da mente humana.

Se Antígona não escolhe o desconhecido da vida onde poderia ter empreendido um combate contra Creonte, encontrado os meios de convencê-lo, respondido ao amor de Hêmon e apagado o peso do incesto numa progenitura, é que esse desconhecido não a requeria. Seu desejo puro, sua paixão, não concebia mais que um único objeto de perspectiva: a morte voluntária no suicídio.

Presa no duplo entrave de "é preciso morrer para viver" ela opta pela sorte de Jocasta, afasta a de Édipo, a quem permanece entretanto fiel através de Polinice, num incesto potencial.

Os deuses, por conseguinte, captam todo o desconhecido; se podem outorgar a graça e a ressurreição, jogam também no abismo da danação, no caso em questão mediante o decreto oracular.

Antígona é prisioneira dos deuses, dá-se a eles, dá-lhes a vida. O simbólico do interdito do incesto não leva ainda à morte dos deuses.

Freud já havia chamado a atenção para essa submissão aos deuses. Cito: "É espantoso que a tragédia de Sófocles não provoque no ouvinte o mínimo movimento de indignação"... "Essa tragédia é no fundo uma peça imoral, porque suprime a responsabilidade do homem, atribui às potências divinas a iniciativa do crime e revela a impotência das tendências morais do homem em resistir aos pendores criminosos. Nas mãos de um poeta como Eurípedes, *contemptor e inimigo dos deuses, a tragédia de Édipo teria se tornado facilmente um pretexto para recriminações contra os deuses e contra o destino* (sublinho). Mas para o crente Sófocles, não se podia falar de recriminações; ele sai da dificuldade por uma piedosa sutileza, proclamando que a suprema moralidade exige a obediência à vontade dos deuses, muito embora ordenem o crime. Não acho que essa moral constitua uma das forças da tragédia (...)".[7]

Suicídio

A reflexão de Lacan sobre o fim de Antígona, quando se manifesta esse desejo puro de uma rebelião irredutível, poderia ser entendida como uma apologia do suicídio. "Não ceder sobre seu desejo" torna-se então a justificação de todas as violências e dos totalitarismos, quando se está autorizado a matar já que se proclama estar indo si mesmo para a morte.

Ao seguirmos essa direção não podemos evitar um questionamento psicanalítico sobre o suicídio, sabendo-se as motivações complexas que nele se intricam.

Os dois sentidos mais comumente reconhecidos são a *mensagem acusadora post-mortem* e o desfecho de uma *desesperança*.

No primeiro caso, o suicídio é uma *vingança* que quer responsabilizar e afligir próximos odiados, às vezes surdamente, ou visar a humanidade inteira tida por impotente numa qualquer assistência exigida, ou ainda os ideais que se revelaram factícios. Aqui ainda se manifesta o desejo puro, afirmando um ideal mais imperioso e irredutível contra o qual tudo se torna decepção.

No segundo caso, o da *desesperança*, o destino e as catástrofes esmagadores vencem, sobretudo na depressão melancólica, uma força de adversidade que induz uma necessidade de autopunição chegando ao suicídio. Basta lembrarmos o fim de Clérambault, o mestre de Lacan (e cuja lembrança do suicídio não podia ser-lhe indiferente). O déficit visual que atingira os últimos meses de vida desse homem empenhado em recolher minuciosas "observações", tanto clínicas quanto dedicadas aos drapeados, deve ter sido uma ferida funesta (se imaginarmos além disso uma infra-estrutura voyeurista na reserva de sua vida privada).[8]

Não podemos considerar a autopunição masoquista, que mantém e sobrepuja a um só tempo uma derrelição primeira, sem ressaltarmos o sacrifício vital tanto num isolamento narcísico quanto nas organizações míticas e religiosas em que se estabelece a aliança mas também a rejeição da vítima expiatória.

Além disso, o suicídio é uma revolta que emana do desejo puro como última façanha para quem enfrenta a morte melhor que outro qualquer ao entregar-se a ela. É, entre os surrealistas principalmente, um supremo poder terminal sobre a realidade, o sonho acabando por engolfar-se no desconhecido de um inconsciente, de um isso abissal, onde, pela morte voluntária, "ato bem-sucedido" (Lacan), a realidade é abolida no instante em que triunfa.

Devemos esquecer esses suicídios permanecidos exemplares aos olhos de nossa civilização: Sócrates, em quem o pensamento explorador afigura-se invicto diante das difamações políticas, Empédocles também, celebrado por Hölderlin, e Cristo no momento crucial da Paixão quando, em Gethsemani, aceita plenamente a morte?

A mensagem então não proclama para as gerações futuras a perenidade do pensamento sobre a vida corporal? Não seria dizer: "Morte, onde está tua vitória?"

O desejo do psicanalista

O mérito de Lacan é de não passar ao lado dessa constância do "desejo puro" que atravessa todos os destinos e manifesta-se com frenesi em alguns para quem os bens deste mundo são considerados nada em face do ideal negador.

Temos, pois, que ver claramente o paradoxo de uma morte aceita para ser negada, ou recusando-se ser realizada.

Importa, pois, fazer trabalhar *o pensamento da morte*. Isso obriga a segui-la nas fantasias e nos desejos, nos sintomas, desvelando as determinações particulares a cada história clínica rememorada. As dificuldades que surgem ao longo dessa desintricação, sobretudo diante de certas impotências terapêuticas, não devem incitar a que se invoque rápido demais uma pulsão de morte.

Pois pensar a morte na relação analítica é seguramente desfazer os vínculos complexos entre os desejos de assassinato ou de suicídio, as reações fóbicas e inversamente as obsessões a ela referentes, organizando-se principalmente quanto ao luto, real ou imaginário, tudo devendo estar articulado com a castração como solução fantasística que tem um fiador mítico e simbólico para controlar a culpa correspondente.[9]

Ora, a simples análise da castração, em suas mais precisas figuras sexuais, ainda que se apóie na revivescência das lembranças, corre o risco em certos casos de evitar a questão da morte. O conselho, bem judicioso, de procurar atrás da idéia de morte a de castração deve duplicar-se hoje em dia em uma busca inversa, onde o desejo "puro" de morte não está eludido.

Além da castração e da morte, temos que extrair hoje uma *finitude* que não se reduz simplesmente à castração fantasística, abusivamente qualificada de simbólica, esta tendo uma definição coerente apenas no quadro religioso e mítico — precisamente com a circuncisão.

A finitude estende-se por vários campos. É, decerto, mas não unicamente, o limite erguido pela realidade diante das necessidades e dos prazeres; a castração, de maneira mais localizada, é um conjunto de restrições escolhidas ou experimentadas no campo sexual, com fantasias postulando a supressão do pênis. A finitude é a compreensão desses procedimentos e das causas que impõem uma linha de parada ao desejo, sejam elas devidas às realidades, às importantíssimas restrições do masoquismo, mas sobretudo às que são governadas pela Lei simbólica que se opõe ao absoluto do desejo.

Em relação à morte, é também o sentido tomado por essa derradeira muralha do desconhecido, contanto que lhe assuma o pensamento para representá-lo na vida ou para dele distanciar-se com serenidade ou entregar-se às alegrias da existência.

Mas a finitude, para além da castração e da morte, depende do desconhecido que é causa e objeto do desejo: ela se liga ao desejo pelo desconhecido impossível de ser conhecido. Deriva do próprio exercício do pensamento cujo movimento pulsional, a progressão dos significantes, os desvios e os limites resultam inteiramente do desejo.

A psicanálise empenha-se em desvelar *grosso modo* quatro modos de acesso ao desconhecido:

1. Primeiramente, o desconhecido pode ser, por redobramento, ele próprio inapreensível, desconhecido, em razão do recalque, ou de um recurso ao pensamento mágico, a mitos ou a delírios que chegam a excluí-lo. A descoberta do desconhecido, próprio a cada um, é uma primeira etapa do tratamento antes de permitir extrair redes de sentidos novos. Pode então ter dois efeitos opostos.

2. Em certos casos, ela produz o *horror* e a rejeição por uma revivescência de uma derrelição e de traumas primeiros. Disso decorre um retorno ao recalque e aos mecanismos de defesa contra o desejo que surge.

3. Em outros, a aparição do desconhecido é o ponto de partida de experiências frutuosas, de uma *iluminação* e suas delícias, ou de descobertas de sentido no gosto da vida, ou na função poética e suas metáforas que carregam o desconhecido, ou na pesquisa e na aquisição do saber científico.

4. Enfim esse desvelamento de sentido e na análise essa perlaboração acabam por constatar, após cada tomada de consciência, logo no a posteriori, o antecedente de um desconhecido.

A exploração do desconhecido e do desejo não está reservada apenas à mística, a dos monoteísmos ou do budismo; ela sustenta uma pesquisa *apofática racional* onde a psicanálise está efetivamente implicada pela evidenciação das diferentes modalidades do desconhecido percebidas nas trocas entre os três pólos que indiquei: a morte, a castração e a finitude.

A importância dada por Freud em sua teoria ao *nirvana*[10] pode ser compreendida na presente perspectiva. E ao invés de retermos apenas um ponto de vista energético, com uma baixa da excitação, sua redução para sua supressão total, devemos considerar uma *extinção* dos bens esperados do desejo, logo num projeto *significado*, tendo *sentido*, que seria o aniquilamento numa *serenidade* suprema, levantando uma aspiração coletiva rumo a essa pureza do desejo. Tal despojamento visa apenas um desconhecido impossível de ser conhecido.

Ora Lacan ressaltou muito bem que o desejo do analista não pode ser um desejo puro.[11]

De fato, o analista não deveria ficar preso, quando o desejo de morte se fixa ao suicídio, num duplo entrave (é preciso morrer para viver) que aprisionaria seu próprio desejo por suas duas vertentes:

- que ele queira o bem, desejando então preservar a vida, e então a decepção sempre possível espreita-o e deixa-o vulnerável a procedimentos condenáveis, às passagens ao ato do analisando que infalivelmente percebe e visa esse ponto de sofrimento para onde dirigir seus golpes;
- ao inverso, a *idealização do desejo puro*, que tenderia a valorizar o suicídio, estabeleceria uma cumplicidade com o analisando e chegaria ao mesmo resultado.

Para fazer trabalhar o duplo entrave, isto é, para sair dele, o analista evitará a fascinação do "desejo puro", mas conhecerá seus paradoxos no próprio tratamento.

Deve, pois, ao seguir a história feita de lembranças, encontrar as transformações do desejo de acordo com os prazeres que foram alcançados, ainda que sejam de um antigo passado.

Paralelamente, cabe situar a emergência dos limites, sua aceitação em função da castração, da morte e da finitude, principalmente se um masoquismo fundamental e precoce tiver desdobrado um poder absoluto do pensamento podendo persistir e manter sacrifícios, a fim de controlar uma derrelição primeira quanto à mãe enquanto que se tratava de suscitar seu amor por todos os meios.

Mas a instauração da finitude não pode ser assegurada sem que esteja identificada a fronteira a separar o *desconhecido passível de ser conhecido* do *desconhecido impossível de ser conhecido*. Ora, é pelo acesso ao significante, enigmático por definição, seja de demarcação ou lingüístico (analógico ou digital), que o desconhecido é recebido, pensado e nomeado.

Por essa via, uma *crítica* pode se exercer sobre um saber e um conhecimento fechado, para levá-los a revisões, a questões, de encontro a um desconhecido passível de ser conhecido, ao inconsciente, às descobertas, ao mesmo tempo em que situa e aceita um desconhecido impossível de ser conhecido. Ao inverso, essa crítica refere-se também a um outro muro que reduziria tudo ao impossível de ser conhecido ao desvalorizar sistematicamente o que depende de um desconhecido que permanece passível de ser conhecido.

De modo que as *sublimações*, criadas a partir dos cinco *ideais* precitados, produzem deslocamentos entre prazer e gozo e não se limitam a transpor somente as pulsões sexuais mas também, deve-se frisar, os esforços, os conflitos, as violências e os progressos animados pelos desejos desde as primeiras relações intersubjetivas.

A *ética* do psicanalista consiste, pois, justamente, em acolher uma confrontação e uma avaliação dos ideais sublimatórios, bem como os seus, identificando o desconhecido que sustenta o desejo, e sem falhar por uma idealização em que todo objeto de perspectiva confunde-se com a morte. Conhecendo a força e a permanência desse perigo, a Lei, deve-se com certeza reconhecer, é indispensável para afastar este excesso nefasto. Ela é a raia que desperta o desejo para transpô-la pelo questionamento do significante, o qual, alcançando um desconhecido acessível, ativa a experiência diferencial cujas tomadas de sentido e de verdade delimitam toda vida.

X

Transposição do desejo

O desejo está ligado à cadeia dos significantes, à sua constituição, a seu percurso: desse modo, seu alcance encontra-se carregado de uma intencionalidade que tece todas as relações do sujeito e suas atividades mentais nas quais o inconsciente é um potencial de sentido.

A prática da psicanálise visa descobrir efetivamente os desejos recalcados, o que eles supõem de mecanismos postos em jogo, e as razões dessa exclusão. Lembrarei, uma vez mais, que é essencial conceber que o desejo tem por objeto específico um "objeto de perspectiva" que traz e recobre o desconhecido.

A questão maior que encontramos imediatamente é a das relações entre a lei e o desejo, isto é, de sua oposição numa dominância em que prevalece a primeira. Veremos entretanto as nuanças que é preciso trazer a essas relações.

Indicarei previamente duas aparentes antinomias que passam freqüentemente despercebidas ou levantam problemas nos trabalhos teóricos referentes ao desejo e à lei.

A primeira é aquela que dissocia o prazer e a satisfação do desejo. Na perspectiva lacaniana, convém com efeito distinguir o desejo tanto da necessidade quanto da demanda de amor. Seus objetos são diferentes e o prazer permanece ligado a estas últimas. Ora, o desejo acompanha-lhes as operações: para a necessidade, fixada à impressão mnêmica de uma satisfação experimentada que nasce de uma excitação corporal relativa a um objeto perceptível, ele é o próprio movimento entre elas,[1] direi entre os significantes de demarcação que resultam de uma ou da outra. E se podemos sustentar que não existe "satisfação do desejo na realidade",[2] exceto na realidade psíquica, não é menos verdade que ele está presente desde as primeiras manifestações significantes da necessidade, mas, é verdade, para não permanecer aí fixado e para lançar um além de sentido. Por conseguinte, podemos falar dos desejos, na acepção corrente do termo, como se manifestam por exemplo no sonho com seus objetivos, o que justifica uma interpretação psicanalítica adequada.

A outra antinomia decorre da constatação, segundo a fórmula lacaniana, que o sujeito visa fazer reconhecer seu desejo e que o desejo é o desejo do Outro. Já Hegel havia postulado que "a consciência de si é desejo em geral",[3] o que dá toda sua importância a este desde as primeiras etapas da dialética da consciência. Jean Hyppolite[4] indica bem que em Hegel há então uma alteridade no desejo (p.156) e que superando todas as saciações este não se esgota jamais (p.157). A consciência de si procura-se no desejo do outro (p.155); a consciência contempla um outro desejo ao ser um desejo de ser reconhecido. Disso resulta uma negação espiritual (p.165), uma *Aufhebung*, onde, ao negar-se a si mesma a consciência se supera nessa negação (p.160). Mas é pondo a vida em jogo que é atingida "a verdade desse reconhecimento como reconhecimento de uma consciência de si independente" (Hegel, *Fen.* 1, p.159). Ora "essa suprema prova por meio da morte suprime precisamente a verdade que dela devia sair, e suprime ao mesmo tempo a certeza de si mesmo em geral" (*Fen.* 1, p.160). Assim se enceta a dialética do mestre e do escravo com o contexto da morte, com o medo que tem o escravo desse *mestre absoluto* que é a morte (Hegel, *Fen.* 1, p.164). E seria o trabalho que transforma a servidão em domínio (p.169).

Para a psicanálise atual, após Lacan e sua leitura hegeliana, certas linhas de forças relativas ao desejo servem de balizas. Vou traçá-las muito sucintamente orientando-as quanto à relação de desconhecido.

- O desejo está preso na *metonímia* da cadeia dos significantes e a sustenta: por isso o desconhecido é visado na *elipse* que a constitui como um fim por vir, num pensamento e um dizer podendo, em razão de seu inacabamento, sempre se desenvolver e se completar.
- O *desejo de reconhecimento* assim como o *desejo do desejo do Outro* tramam todas as relações do sujeito pela via dos significantes. Vemos nisso a organização das diferentes formas clínicas de introjeções e identificações. Mas ao mesmo tempo emana o *desconhecido específico do Outro*. A dialética se fez então na antinomia entre esse desconhecido do Outro e a tomada de consciência do desconhecido em si.
- A oposição dual de dominação, inicialmente com a mãe, elabora-se graças ao terceiro paterno, graças à *metáfora* paterna, com o que o *falo*, como significante do desejo, e acrescentarei como *objeto de*

perspectiva para toda referência sexual, vai ordenar-se na triangulação edipiana, no modo de "sê-lo" e de "tê-lo".

• Porém, é preciso frisar que o *pai*, enquanto terceiro, centra os desejos de desaparecimento, de *morte*, desde aqueles que primeiramente se referiram à mãe, a qual deles está liberada pelo parricídio assim localizado. Mas a culpa daí resultante fez adotar e crescer um interdito sexual, com as fantasias de auto-castração que o acompanham.[5] O pai, então, como castrador, vem aliviar essa situação penosa. Por conseguinte, o *Pai Idealizado* centraliza os anseios de morte, na origem de todos os enfrentamentos com outrem, acarretando retorsões e fantasias de *castração*. E só com o acesso ao *Pai Morto Simbólico conforme à Lei* é que podem ser superados os conflitos de dominação que giram em torno da morte e da castração para uma aceitação dos ideais sublimatórios e da finitude.

A antinomia que eu indicava há pouco cabe portanto entre uma alienação para com o desejo do outro e, ao contrário, uma auto-suficiência narcísica.

As organizações que se instalam quanto ao desejo do Outro determinam as diferentes identificações em função de um acesso ao desconhecido do Outro e de sua interiorização, como de sua tomada de consciência, na atividade mental do sujeito.

Podemos assim descrever todas as identificações resultantes (inclusive as identificações projetiva e ao agressor) num sentido centrífugo ou centrípeto, através da ambivalência referente às partes e ao conjunto do objeto, mas sobretudo, para a questão aqui tratada, em relação ao desconhecido do Outro. Evocarei apenas um exemplo: o da identificação *histérica* na qual o sintoma põe em cena o desconhecido, e que pode ser o da morte, contra o qual se choca o desejo do outro,[6] apresentando-o a ele como desejo insatisfeito.

Caberia aliás diversificar as identificações clinicamente observadas conforme essa perspectiva, o que não pode ser feito no presente trabalho. Assinalarei apenas que nas psicoses, onde existe uma foraclusão de certos significantes, o desconhecido impõe-se de modo aberrante, à revelia do sujeito, precisamente no campo onde a lei como realidade deveria ter assegurado um conhecimento; ao mesmo tempo, e ao inverso, quando o desconhecido pode ser esperado, o delírio apaga todo acesso.

Este preâmbulo prepara portanto a reflexão sobre o desejo e a lei, sabendo que a transposição afirmada pelo título deve ser entendida como um genitivo tanto objetivo quanto subjetivo, onde o desejo é superado pela lei, mas onde é preciso também considerar que ele a supera.

O desejo é transposto pela lei

A lei reagrupa todos os limites que se impõem ao desejo e sem o qual, sem seus excessos, ela não seria concebível. É social, com suas modalidades jurídicas em que o poder se empenha em fazer respeitar a justiça e em exercer as condenações consecutivas às infrações. Tem um alcance moral relativo aos usos da comunidade, aos ideais em curso, mas atinge freqüentemente uma universalidade reivindicada que tem força de necessidade. Incluiremos também as leis científicas que para um estado dado do saber são experimentalmente demonstradas e provisoriamente intangíveis.

Mas sobretudo entenderemos aqui a lei *simbólica* que estrutura os modos de pensamento e linguagem e ao mesmo tempo os laços de uma filiação e uma transmissão genealógica, ordenada pelo Pai Morto Simbólico com o significante do Nome do Pai.

• É comum perceber na lei o conjunto dos *interditos* que se opõem aos desejos. É verdade que o do parricídio e do incesto, destacados pela psicanálise, têm valor universal, mas exigem uma elaboração psíquica cuja trajetória desde a infância encontramos através das lembranças e das fantasias. O Supereu lhes recolhe as injunções com a culpa que se liga às omissões. Além disso, reações individuais podem aumentar-lhes a severidade: vemos nisso o efeito dos mecanismos *masoquistas*, a saber, e faço questão de sublinhar a importância, a freqüência e sobretudo o sentido, em que por um encadeamento próprio, a partir de uma demanda visando obter sinais de amor, oferecem-se restrições pulsionais que já mostraram seu valor nesse campo, desde as experiências anais; uma emulação que se refere à culpa exige além disso aumentar os sacrifícios realizados. Todo o sistema masoquista, com a dureza do Supereu, depende na verdade da *onipotência dos pensamentos* onde o sujeito controla a si mesmo e dirige seus sofrimentos, a intensidade destes, o tempo de sua aparição, pensando assim escapar àqueles que viriam do exterior. Não se pode negligenciar duas outras características dessa culpa que se reproduz ela mesma. É antes de mais nada a confusão que se instala entre a intenção, em pensamento, em fantasia, e sua realização por atos, a tal ponto que a primeira basta para nutrir a mais intensa das culpas. Podemos aí reconhecer uma vez mais a onipotência do pensamento.

O outro traço leva ao objeto perdido da infância, à mãe. Se a separação e o luto não se cumpriram, uma tendência em dominar essa falta persiste, o que traz de volta a culpa na medida em que o sujeito se considera responsável em razão de um erro qualquer: assim, o sistema de resgate e dos sacrifícios em progressão volta novamente, recorrendo mais uma vez aos mecanismos masoquistas.

• Entretanto, a Lei não é feita só de interditos. Suas *prescrições* têm por objetivo dirigir o desejo, isto é, não só permitir sua realização, mas também encetar-se segundo vias precisas (por exemplo, a escolha das mulheres nas sociedades onde as trocas são restritas; ou ainda os modos à mesa etc.).

• Mas a lei obedece também a uma *lógica natural*. E se nos fixarmos nos grandes interditos de valor universal, veremos surgir as razões práticas que os sustentam. Para o incesto, além da atração "fisiológica" por um ser de idade vizinha e qualidade ainda intactas, há também uma esperança de diferenciação pelas gerações sucessivas e conjuntamente de transmissão.

Com o interdito do parricídio que se funda no laço simbólico entre o filho e o pai, e mais geralmente entre a criança e os pais, uma lei mais geral formula-se no "não matarás". Aceita por todos e sempre já que exclui com toda razão, em princípio, os excessos da violência, não é menos verdade que as sociedades acabam por transpor este interdito, por escolher a guerra, isto é, a morte. Fazem dele até um dever ao qual ninguém pode escapar (a não ser se expondo à pena capital) a partir do argumento segundo o qual para defender-se de uma agressão é preciso liberar o desejo de não ser sujeitado ou destruído; o guerreiro assume o risco da morte calculando todavia suas chances não só de permanecer vivo, mas também de ser vitorioso e de libertar ao mesmo tempo os oprimidos. Veremos mais adiante como a morte interpõe-se para o indivíduo entre o desejo e a Lei.

Quanto à "lógica natural" é preciso também levar em consideração o "princípio de realidade" no qual, justamente, são as leis da realidade que se impõem, seja para que se possa aguardar as condições propícias e necessárias à realização do prazer, rejeitando as ilusões de uma satisfação imediata, seja para que daí se afaste definitivamente toda esperança aberrante. Mais uma vez aí o masoquismo encontra matéria para se reforçar: sob pretexto de realidade inacessível, e com a experiência positiva que foi feita das restrições, uma emulação de sofrimentos se estabelece; mas a ilusão persiste, deslocada agora para a onipotência de pensamento.

Nessa via a Lei pode tornar-se, em sua aplicação aos outros, na severidade, o rigor de seus decretos, um meio de dar todo poder a um desejo sem freio. Um ditador que promulga sua lei exige obediência absoluta daqueles que o seguem e que aí encontram sua cota masoquista: ele não cede em seu desejo, o dele. Do mesmo modo, no plano intersubjetivo um tirano, familiar, doméstico, ou de uma comunidade de trabalho, invoca a Lei.

O exemplo de Antígona é especioso quanto a uma fidelidade à Lei. A filha de Édipo está presa entre duas injunções: a condenação do incesto e o dever de sepultura. Ela escolhe profundamente aquela que é punitiva até destruir o fruto da transgressão, isto é, ela mesma, em sua decisão suicida.

Em suma, os interditos majorados pelo Supereu estão no cerne dos *conflitos* que se bloqueiam nos sintomas — conflitos entre as pulsões, sexuais e de auto-conservação (mas caberia aqui superar as fantasias que consideram a sexualidade perigosa para a vida), pulsões de vida e pulsões de morte (estas aí mais uma vez dissimulando os mecanismos masoquistas), mas sobretudo entre o ódio e o amor, conflito maior que percorre o desenvolvimento edipiano e a oposição entre as identificações às imagens parentais ou sociais e recusa destas, tudo podendo também ser entendido como conflito entre a Lei e o desejo.

Entretanto, seria muito simplista nos atermos sem nuanças a esta oposição.

• Pois as *sublimações* responsabilizam-se pelo desejo no sentido da Lei social aceita: é certo que não se trata mais de objetivos primários, sexuais ou agressivos, direta ou ilusoriamente procurados, e as satisfações visadas são deslocamentos que correspondem a *ideais* obedecendo a leis precisas com seus interditos próprios.

De modo que podemos ver na Lei dos ideais uma orientação do desejo pela Lei, ela mesma produzida ou modificável pelo desejo. É possível imaginar uma Lei que não vá de encontro ao desejo e que não provenha de um desejo onde os homens se encontram?

Entre as cinco estruturas de Ideais do Eu que tive a oportunidade de descrever — as que organizam a *religião*, o conjunto *sócio-político*, a *filosofia*, a *estética* e a *ciência* —, algumas têm um impacto *moral* maior, não admitindo exceção para a ordem da vida. São as duas primeiras. A religião possui um código moral amplamente formulado, que mostra as penas incorridas e os meios de se redimir. A sócio-política assegura o estabelecimento das leis jurídicas e o poder que as faz respeitar; além disso, aperfeiçoa os ideais de governo, até mesmo as ideologias que prevalecem e para as quais combates tornam-se inelutáveis. Quanto à filosofia, se quisermos entendê-la no sentido mais amplo de uma reflexão crítica independente dos outros ideais, referindo-se aos princípios morais e à atitude para com os prazeres, podemos dizer que é uma sabedoria racional em que os humanos exercem sua solidariedade de pensamento.

Uma palavra ainda para os ideais da ciência: embora impliquem regras de vida para se concentrarem num trabalho escolhido (e isso é igualmente encontrado com os ideais estéticos), obedecem além disso à necessidade de fazer advir uma verdade em leis experimentadas ou a serem descobertas.

Os objetivos de cada um desses ideais constituem "objetos de perspectiva" nos quais o desconhecido está bem especialmente delimitado de modo a *focalizar* a busca do desejo. Com o que um outro desconhecido passível de ser conhecido ou um desconhecido impossível de ser conhecido acham-se freqüentemente afastados, estando absorvidos pelo objeto de perspectiva dominante.

Os objetivos brutos e iniciais dos desejos, a *violência* e a *sexualidade*, são transformados por sublimação em outros objetivos nem um pouco proibidos e que contribuem para as aspirações coletivas. A primeira torna-se uma força para levar a cabo projetos, e a segunda entra em substituições bem complexas que colorem as relações com outrem e os prazeres que acompanham atividades afastadas dessas origens.

Ora, o desejo sexual, que visa uma relação corporal com o outro, semelhante e diferente, onde está em jogo o desconhecido do Outro, tem essa particularidade de poder ser inteiramente e sem limite reprimido, ao contrário das necessidades vitais de ordem oral e anal (salvo casos patológicos especiais), o que lhe dá uma enorme margem nessas substituições.

Mas acontece de a lei tornar-se verdadeira escravidão. As condições que induzem tal dependência devem ser examinadas para clarificar situações que se esforçam por manter sua obscuridade, seu recalque. Trata-se sobretudo das *inibições* que reduzem os projetos de vida e sua pugnacidade. As causas invocadas, decepções, renúncias, devidas a traumas do passado em que certas satisfações não puderam ser reencontradas, não devem fazer esquecer a importância da agressividade voltada contra si. As fobias manifestam, por detrás dos diques levantados, o desejo proibido à espera. E que se trate de desejos sexuais, como a psicanálise mostrou com insistência, explica-se pelo fato de que a sexualidade está submetida ao *segredo*. A infância enfrenta o enigmático dos significantes sexuais durante sua longa maturação (até nas mensagens dos pais, da mãe inicialmente, e para ela também segundo a observação de Laplanche). Deve-se acrescentar a isso que para o próprio adulto, e provavelmente em memória do que pôde experimentar em seus primeiros anos de vida, mas sobretudo porque a diferença dos sexos, a potência do gozo sexual, a filiação e a distância a separar as gerações que disso dependem intimamente têm tal peso simbólico e portanto uma força de desconhecido em seu alcance fálico, a sexualidade adquiriu valor *sagrado*: o termo pode parecer forte, mas, refletindo bem, responde corretamente aos usos sociais e religiosos, até através dos comportamentos transgressivos.

Encontraremos constantemente esse desejo sexual no centro dos recalques e das sobrecargas de interditos obrando nos mecanismos de defesa. Ademais, as frustrações resultantes reativam a agressividade.

Assim, o *obsessivo*, com suas inibições, mas também com seus circuitos de obsessões e compulsões, é exemplar quanto a essa deturpação da Lei. O outro como modelo é tido nessa neurose como que regendo totalmente seu desejo. Para dele não depender, constrói para si um sistema no qual a onipotência do pensamento age de duas maneiras: regras minuciosas e estritas tecem todos os atos numa ilusão de autonomia; além disso, os interditos mais intangíveis são considerados como tendo sido mentalmente transpostos, o incesto e o parricídio consumados, o pensamento equivalendo ao ato. A culpa é exacerbada, exigindo penosas obrigações para permanecer prisioneiro dos sintomas. Tudo se passa, portanto, como se uma lei soberana, independente de qualquer outra, tornasse todo desejo impossível, inclusive no Outro. Por conseguinte, o desconhecido apaga-se e não pode principalmente manifestar-se num intento sexual que as obsessões mantêm, entretanto, ao dissimulá-lo. Uma vez mais a potência masoquista realiza o retorno sobre si da agressividade que deveria ter-se exprimido para outrem e que invade então facilmente a proliferação fantasística das imagens e dos anseios de morte. E de maneira geral o obsessivo volta sempre à grande regra do antagonismo entre o sexo e o trabalho cuja fantasia constituída nos anos de formação pode tornar-se tão adstringente que impõe a eliminação de toda sexualidade, inclusive na organização da vida profissional do adulto.

Os *ideais sexuais*, tais como podem ser ordenados segundo cinco eixos,[7] são evidentemente controlados de modo geral pela Lei que dirige os Ideais do Eu apresentados anteriormente. As fobias sexuais concentram-se especialmente nos ideais mais fascinantes, tornando-se assim exclusivos dos outros, e ainda mais recalcados. O desconhecido que lhes corresponde tem a mesma sorte com seus objetos de perspectiva. 1) A rejeição do *sexualismo* que só quer ver a relação sexual, com o desconhecido de um saber sexual, afastará todo pensamento desse gênero. 2) Se são as fantasias *perversas*, com o modelo do fetichismo, que são recusados, a diferença dos sexos, como desconhecido, será desaprovada. 3) Com o *amor*, no qual um pacto de sentimentos une os corpos com o desconhecido do outro sexo, a fobia desvia-se de um compromisso que pode prevalecer sobre toda a vida. 4) Na *paixão*, o Eu Ideal acaba por não recuar diante de qualquer violência, em desconhecido por conseguinte perigosamente ameaçador. 5) Enfim, se o *amor místico* sobrepuja os outros ideais, a morte, em sua representação do cadáver, conduz ao desconhecido absoluto do Outro, com o risco de ser intolerável.

O exemplo da fobia e sobretudo da neurose obsessiva mostra bem que o *legalismo* que os trabalha é uma muralha contra o desejo sexual. Mas a inversão que se produz não abole o desejo, mantido enquanto desejo impossível. Acrescenta-se então a dominância da violência e da morte reduzidas porém no sofrimento da repetição insensata dos pensamentos e dos atos, que sufoca qualquer outra atividade.

Vemos portanto que a Lei que transpõe o desejo pode fazer o leito dos compromissos neuróticos em que os interditos são intensificados. Assim, uma submissão completa à potência do poder sempre causou excessos de violência quando a guerra oferecia a oportunidade de exercer a pilhagem, o assassinato e o estupro. Entretanto, a violência torna-se necessária quando devemos nos opor às extorsões e às injustiças. Torna-se evidente que a Lei opõe-se então àqueles que a haviam invocado: nesse caso o recurso ao julgamento e aos princípios que regem os ideais terá que resolver os conflitos.

Ora, no plano individual, a neurose obsessiva torna justamente tal debate impossível, por um deslocamento que se transfere para atos insignificantes para o próprio sujeito e que o coagem apesar de tudo; ademais, a *dúvida* assenta no plano mental essa alteração do julgamento cujo objetivo, na verdade, é minar a Lei por uma carga que a desfigura.

Notemos que a Lei pode tornar-se, por um rigor aumentado pelas exigências neuróticas, uma força proibidora de efeitos sádicos sobre outrem e masoquistas sobre si mesmo. Nesse caso, suas dimensões prescritivas, e que poderiam ter sido benéficas graças às realizações que despertam o desejo pelas sublimações, são esquecidas. Porém, essa prevalência destruidora é devida a uma fixação desse desejo sobre o combate e o ódio mais que sobre o amor.

Neste caso, em que a alienação para com as instituições, simplesmente por seu peso burocrático, ou pior, para com uma coerção tirânica, cuja conseqüência maior é a impossibilidade de apreender o desconhecido obturado pela Lei alterada, o adágio segundo o qual "ninguém deve ceder sobre seu desejo" assume valor de liberação que não só não afasta a revolta mas a impõe.

E, mais uma vez, essa corrupção da Lei que se resume no exercício da violência não afasta um poder masoquista, facilmente tornado coletivo, de se incriminar também, sublinho, como *primum movens* nas condutas sádicas.

E se ideais são rejeitados porque remetem a um passado, o dos pais e de uma sociedade que não é mais admitida, o desejo, que entretanto já anima a Lei numa intricação antagonista, empenha-se em definitivo para instaurar outras leis. Não pode ser deixado fora de jogo.

Examinemos agora essa outra vertente em que o desejo transpõe a Lei, seja nas superações de uma busca vital não imobilizada pelo legalismo ou naquelas de certas vias psicopatológicas.

O desejo transpõe a lei

Vimos que as sublimações dão impulso ao desejo ao lhe oferecer para cada ideal um campo de desconhecido a ser explorado. Lembrarei que é lícito distinguir três tipos de desconhecido.[8]

O *desconhecido passível de ser conhecido*, para o qual é razoavelmente possível esperar poder ganhar terreno sobre ele, desde a infância, pelo saber e a maturação, recolhe em si a *esperança* que se liga ao desejo. Refere-se aos cinco ideais justamente na medida em que um progresso do pensamento aí tem curso. Mas os trabalhos positivos da ciência trouxeram com eles uma possibilidade de nos desfazermos das ilusões que se mantinham com os outros ideais, os quais aliás superaram atualmente um estado estático de imutabilidade onipotente.

O *desconhecido impossível de ser conhecido* aparece com a evidência de que não há saber absoluto, e que em definitivo, a mente encontra seus limites. O *Real* é esse campo infinito, inesgotável. A ciência experimenta-o continuamente em sua pesquisa, contanto que não creia num saber invariável, apto a lisonjear aquele que o possui. E a ciência psicanalítica atual designou na relação com o Outro um desconhecido irredutível até no inconsciente da atividade psíquica e no Isso. As religiões (e as crenças) mantêm a aposta de dar a esse mais-além do conhecido um nome e um poder sem limites, Deus, e de entrar em comunicação com ele, ao mesmo tempo em que reconhece, sobretudo na meditação mística — penso em são João da Cruz, em Mestre Eckhart, entre outros —, a inacessibilidade desse desconhecido. Mas as religiões têm esse poder fascinante de propor uma solução ao desconhecido maior, o da morte. Seja por uma paz da alma ou pela imortalidade, adquiridas graças a uma vida virtuosa, o desconhecido da morte é dado como superável. Esta é a onipotência específica das religiões.

E tanto a filosofia, no sulco de Hegel, quanto a estética, com seus teóricos (penso em M. Collot),[9] afirmam que esse desconhecido impossível de ser conhecido em relação ao qual se delimita um desconhecido passível de ser conhecido é constitutivo do desejo. Ao que se deve acrescentar, conforme a observação de Freud,[10] que o sentido da realidade, do que se pode reconhecer, provém de uma perda inicial, de um objeto perdido, irrecuperável tal qual. Entendemos que o horizonte estudado por M. Collot simboliza esse limite onde o desconhecido cativante é uma volta contínua da atividade mental. E na poesia, na arte em geral, esse desconhecido estrutura tanto a metonímia como fim visado quanto a metáfora que a integra em sua expansão evocadora. De modo que a oscilação metafórico-metonímica que descrevo na contemplação estética[11] até em seus efeitos de jubilação é inseparável do desconhecido animado pelo desejo. E já assinalamos[12] as afinidades entre a poesia e a mística por essa subida rumo ao Outro, seu desconhecido; a ressonância com a teologia negativa dá à poesia sua valência sagrada.

É preciso entretanto ter em consideração uma relação de *desconhecido polar* que centra toda pesquisa prática, planificada, todo projeto, vindo acrescentar-se a um saber para prolongá-lo, modificá-lo ou torná-lo caduco. É este o campo da ciência. Mas toda busca nos outros ideais, estética principalmente, pode ser assim orientada.

Fica portanto claro que a Lei não sufoca o desejo, contanto que sejam seguidas certas diretivas. As sublimações colocadas em ação, por exemplo, não devem ser refreadas por uma rejeição total da sexualidade, pois esta vem ativar o desejo, através de todas as camuflagens do recalque e de todas as transposições. Ademais, uma idealização maciça, segundo Freud, paralisa a mobilidade necessária ao funcionamento mental. E uma tomada em consideração da realidade deve fazer com que não nos atenhamos apenas a ilusões ineficazes.

O desejo, nestas condições, transpõe a Lei, sem no entanto abolir todos os interditos. Move as buscas e as descobertas nos campos próprios dos ideais, transformando estes, com o tempo, insensivelmente. E em sócio-política, onde as leis são entretanto imperiosas, as reformas, até mesmo as revoluções acarretam modificações radicais na legislação, respondendo a um desejo onde se exalta uma esperança comum. E não concebemos um requestionamento das bases morais e sociais ao denegarmos todo poder estruturante ao simbólico oriundo da relação com o pai, concepção taxada de paternalismo irresoluto?

Embora a Lei condene certos desejos, o fato é que estes, ao mesmo tempo em que sofrem o recalque, reaparecem obstinadamente no sonho, na fantasia ou no sintoma, logo transpondo a barreira da censura. Essa revelação do desejo introduzida pela psicanálise no campo científico opera em prática no trabalho do tratamento e segundo uma sutil e complexa adaptação a cada caso.

A *fantasia* exprime bem essa transposição contínua de modo exemplar, seja diretamente perceptível por aquele que a pensa, seja requerendo uma interpretação que regrupa as partes faltantes, as referências ao passado e à vida atual e os conflitos entre o desejo e o interdito em causa. Desse modo, podemos até atingir a estrutura das *fantasias originárias* e nelas desvelar o desconhecido visado pelo desejo.[13] Lembrarei que quatro são descritas, pelas quais se organizam os grandes mitos religiosos que se enxertam em seu desconhecido. À *cena primária*, original, à impossível observação da relação sexual parental pelo sujeito dela oriundo, corresponde o mito da *criação* divina. À fantasia de *sedução*, ativa desde a infância, corresponde a *revelação* como dom de amor, eleição de Deus. A fantasia de assassinato e *castração* quanto ao pai traduz-se miticamente nos grandes *sacrifícios* fundadores dos monoteísmos. Enfim, a aspiração de *retorno ao seio materno* desenvolve-se no mito de *morte e ressurreição*. De modo que esses desejos moldam-se novamente nos ideais religiosos, logo seguindo as vias da Lei. Mas também se manifestam livremente em cenas sexuais ou de violência que podem ser vinculadas a lembranças antigas.

Notemos entretanto que fatos da pequena infância que agem sobre o comportamento ulterior enquanto "impressões mnêmicas" permanecem inacessíveis à lembrança e, embora ativos, irrecuperáveis pela memória, mantidos pelo que podemos chamar de um "recalque originário". São todavia apreensíveis pela lembrança e o relato dos pais, dos adultos, ou por construção a partir do saber analítico sobre as primeiras relações. As fantasias de desejo que transpõem os interditos revelam assim suas raízes.

O *afeto* também manifesta o desejo apesar da censura, mas de modo particular, freqüentemente cheio de ambigüidade. Pois acompanha fisicamente os sentimentos, os pensamentos, isto é, os significantes com seu potencial de sentido.

É, em si mesmo, um signo quando se exprime, inclusive nos animais, compreensível para qualquer um, manifestando a alegria, a cólera, o medo etc. Mas paradoxalmente existem duas vertentes: permanecer um significante enigmático, isolado, ou, ao contrário, entrar num campo, ou numa cadeia de significantes onde toma um sentido elaborado e pessoal. Por essa bivalência, o afeto pode ora exprimir um desejo, apesar do interdito, ou ao contrário afogar-lhe o sentido num excesso que o isola. Clinicamente, vemo-nos freqüentemente diante de afetos, histéricos por exemplo, que exprimem a intensidade dos desejos ao mesmo tempo em que lhes escondem o sentido, estas explosões transgressivas buscando as identificações e a participação emocional daqueles que sentem e adivinham as causas secretas. Alhures o Supereu é tão rígido que nada igual deve aparecer, e acontece desse controle permanente do afeto induzir uma forte resistência no tratamento para não deixar despontar os pensamentos que o suscitam.

Vemos assim que em psicopatologia o desejo manifesta-se apesar de uma lei pessoal agravada pelos desvios da neurose, como vimos, e nas psicoses pelas foraclusões quanto à realidade e a uma relação de desconhecido inacessível.

Consideraremos agora o campo das *transgressões* conscientes, onde atos vêm contradizer a Lei.

As *perversões* sexuais — pensemos na forma paradigmática do *fetichismo* — chocam-se contra uma realidade somática e fisiológica, como lei, a da diferença dos sexos e da relação correspondente, que as *desaprova*, embora permaneçam no entanto fixadas a seu desconhecido inabordável. A homossexualidade pode igualmente ser entendida através desses mecanismos enquanto desafio totalizador. Há, pois, o temor de um objeto colocado fora de alcance, compensado por essa superação.

Mas um dos traços a ser assinalado nas perversões, inclusive no fetichismo, quando elas se impõem a outrem, como o voyeurismo e o exibicionismo, quando exercem uma coerção, é de intricar-se ao sadomasoquismo. Essa dimensão não deve escapar no tratamento. A violência, latente ou manifesta, que está impressa na sexualidade, demonstra de fato que o desafio na transgressão é um combate no qual desponta, como em Sade, o assassinato: mais precisamente o desejo fantasístico do assassinato do pai.

A transposição da Lei pelo desejo, ainda que se trate de regras até anódinas, montadas pessoalmente pela culpa e o Supereu em lugar da Lei, indo a atos que chegam ao delito e à criminalidade, parece ser a procura de um *excesso*, perseguido, repetido, tendendo ele próprio a se superar.

Quero salientar aqui que toda transposição implica uma força, reconhecida como tal, mesmo a posteriori e em seu êxito, desde as primeiras separações da mãe, até os enfrentamentos, as lutas entre indivíduos ou entre nações: o que quer dizer no mínimo um afastamento do que deixamos, uma desvalorização do que se torna caduco, e no máximo, potencial ou realizada, uma destruição, uma execução. Todas as dificuldades sexuais remetem a isso: romper um interdito, por mais fútil que seja, encarrega-se dessa perspectiva.

Em certos casos, os enfrentamentos e a simples idéia de ter que dominar evocam obstinadamente a morte, dada ou recebida. Tal temor pode por vezes tornar-se tão pregnante que até uma banal prova esportiva é recusada. Outros, ao contrário, procuram o risco nas façanhas, beirando o trespasse, de carro, ou traumatismos físicos em brigas e bravatas contínuas.

A morte aparece assim como um desafio maior, preso freqüentemente num duplo entrave, de modo que pode se formular "é preciso morrer para viver". Ela é a um só tempo negada e procurada, afirmada como fracasso ou como conquista. E a vitória, seja de que natureza for, tendo-a por ponto de mira, proporciona um gozo.

Na mesma linha destaca-se o "desejo puro", isto é, um desejo que não é mais tributário de um prazer, exceto a busca da morte tornada a prova desse desligamento e o mais ambicioso dos empreendimentos. Nela se focaliza uma tentativa reiterada de apreender o desconhecido derradeiro da vida.

Ora, o duplo entrave faz desdobrar-se o paradoxo: da morte alcançada não podemos ter consciência, e se sobrepujada, a experiência passa por tê-la senão evitado, pelo menos por tê-la deixado escapar.

No *suicídio*, fora dos efeitos esperados junto às pessoas mais próximas, o duplo entrave é tomado ao pé da letra e o desejo puro supera qualquer espera de satisfação ligada aos ideais e a seus objetos de perspectiva. A decepção e a rejeição apagam toda esperança diante do que toma forma de destino funesto, diante de um futuro obstruído para adolescentes, ou diante de sofrimentos invencíveis devidos a um mal incurável ou à idade. Aí mais uma vez o desejo puro está em ação, aquele sobre o qual pensamos não ter que ceder. Pois o desejo é irredutível. A mais total desilusão diante dessa insaciabilidade nele permanece ainda mais ligada, só podendo então aboli-lo com a vida. E, no entanto, escolher essa derradeira solução é mais uma recusa da Lei, aquela de uma realidade que compõe com o desconhecido do real.

Uma nova contradição desponta ainda. A recusa da Lei pelo desejo acha-se confrontada com esse desconhecido que a Lei torna efetivamente vivível graças aos ideais investidos. Sem estes o desconhecido torna-se o adubo das ilusões que justamente deviam ser desfeitas.

Há portanto nessa abordagem ao extremo do desconhecido uma fascinação pela morte que pode constituir um bloqueio conduzindo ao mero desfecho da destruição. Para disso se desfazer uma evolução dialética torna-se necessária numa série de etapas em que se exerce a *negatividade*, isto é, a negação da negação.

• Antes de mais nada, a negação de todos os prazeres, inclusive os do pensamento, sustentada pelo poder absoluto masoquista e narcísico, pára na morte como único e exclusivo desconhecido, a um só tempo passível de ser conhecido, já que o pensamento e a linguagem podem estudá-la sob todos seus ângulos e contra ela lutar, e impossível de ser conhecido na vivência pessoal e sua hora. O duplo entrave, "é preciso morrer para viver", reduz-se então à experiência, sem retorno e portanto impossível, da morte. A negação dessa negação consiste em negar a morte como *único* desconhecido, e por conseguinte a não mais reivindicar a pureza do desejo.

• Se a luta mortal com outrem por um mesmo objeto de desejo, ou para fazer reconhecer seu desejo, invade a consciência, o "duplo entrave" traduz-se por "é preciso que um ou outro morra". A negatividade só se destaca se, antes de mais nada, o desconhecido do Outro encontrar seu fiador no sujeito, e numa diferença, uma diversidade que não se reduz ao desconhecido da morte, mas induz uma evolução e mudanças, fora de uma alienação e fora de um narcisismo gelado e "retraído". O desejo do Outro abre-se então para um desconhecido aceitável e procurado mais-além da violência e do ódio, mesmo para consigo.

• E para que esse acesso a um desconhecido benéfico possa ser alcançado, é preciso que essas etapas da negatividade tenham sido transpostas, que as ilusões não sufoquem a realidade, que esta possa evoluir graças a um pensamento crítico, onde o desejo escolte o desconhecido através dos objetos de perspectiva admissíveis e sedutores.

Fica claro, pois, que nesse caminhar não podemos desprezar uma busca que é de não se furtar ao pensamento da morte.[14] É o que Freud preconiza. Embora "a morte-limpa" seja "irrepresentável" (ainda que, acrescentarei, tenhamos a capacidade de imaginá-la), não "seria melhor darmos à morte, na realidade efetiva e em nossos pensamentos, o lugar que lhe cabe e fazermos brotar um pouco mais nossa atitude inconsciente para com a morte, que até o presente tão cuidadosamente reprimimos?"[15] E não encontra ele em sua frase final *si vis vitam, para mortem*, a fórmula do duplo entrave citada há pouco, deixando entender-lhe o desfecho?

A frase "é preciso morrer para viver" fica clara se destacarmos suas duas últimas palavras. E se viver é abrir-se ao desconhecido, às inúmeras descobertas, únicas para cada um e portanto comparáveis ou semelhantes às dos outros, é também aceitar o passado que não voltará mais, numa imagem da morte, sem ruminação das horas penosas, nem nostalgia da felicidade passada, de amor, de amizade e de êxito, que clareia o presente.

Mas para isso o luto, dos seres queridos ou de si próprio, mesmo potencial, deve ter-se elaborado, sobretudo quando em face dos desaparecimentos a alegria de estar vivo reanima a culpa de anseios antigos de separação que assumem valor de morte. Pois o luto altera a memória ao só reter das lembranças sua impossível reprodução, tanto para o bem quanto para o mal. Quanto ao desaparecimento dos seres ou dos acontecimentos que fizeram sofrer, embora traga satisfação, pode aí mais uma vez suscitar a culpa de uma intenção condenável.

Pensar a morte é um processo complexo que deve necessariamente conduzir às primeiras experiências de separação, vividas em relação à mãe. São a origem de uma tomada de consciência da *derrelição*, contanto que esta tenha sido acessível (isto é, exceto na foraclusão psicótica), como primeira apreensão da morte referindo-se à mãe e a si. De modo que sempre encontraremos nas fantasias originárias, especialmente em duas dentre elas, e no cerne dos mitos religiosos correspondentes, uma maneira eletiva de pensar a conjunção da origem e da morte. Freud descobre sua presença nas lendas e relatos sobre a escolha dos três cofres onde se juntam a mãe e a morte.[16] Ressalta, além disso, a função tranqüilizante dessa aproximação, no cerne do desconhecido, o que faz dela uma constante dos grandes mitos que se aplicam em garantir uma paz na espera do fim. Assim o homem encontra em três períodos "... a imagem da mãe ao longo da vida: a própria mãe; a amante que escolheu à imagem da primeira; e para terminar, a mãe terra, que o acolhe novamente em seu seio". "... só a terceira das mulheres do destino, a silenciosa deusa da morte, é que o tomará em seus braços" (p.81). Uma primeira consolação tem lugar. Eis uma segunda com a escolha de um dos cofres, o da morte: "Aqui ainda uma inversão de desejo ocorreu. A escolha é posta no lugar da necessidade, da fatalidade. *Assim, o homem sobrepuja a morte que reconheceu em seu pensamento. Impossível conceber triunfo mais estrondoso da realização do desejo*" (p.78). Sublinho estas últimas frases porque mostram bem a proteção que soube construir para si o narcisismo primeiro como um poder absoluto em reação à derrelição.

Mais ainda, em seu breve comentário do rei Lear de Shakespeare, Freud conclui a respeito do fim da peça quando o pai carrega a filha morta, Cordélia: "A sabedoria eterna drapeada no mito ancestral aconselha o velho homem a renunciar ao amor, a escolher a morte, a se familiarizar com a necessidade do trespasse" (p.81). Quando sabemos que Freud convenceu seu médico a encerrar sua vida com um apaziguamento de morfina,[17] podemos com certeza ver nisso uma conclusão voluntária de seu destino, em eco a essa reflexão.

Pensar a morte, por certo, conduz a recorrer aos mitos de socorro, e como acabamos de ver, à proteção materna até na terra sepulcral. Sob um outro ângulo, expus num trabalho precedente que a comunidade, religiosa antes de tudo, tinha uma função materna,[18] de aliança e de apoio, representada, para os cristãos, pela pessoa e a imagem da Virgem tutelar.

É verdade que todos os ideais têm relação com a morte e propõem uma solução para esse desconhecido, a religião com uma vida após o trespasse, de imortalidade, celeste e de ressurreição[19] para o indivíduo, ou terrestre para a comunidade, a política com um futuro a ser conquistado para a humanidade. A estética deixa ver e entender o inexprimível do desconhecido, igualmente com a morte, metamorfoseado num júbilo que transfigura a ilusão, no entanto reconhecida como tal. A ciência aplica-se a vencer por um progresso contínuo, na medicina principalmente, mas também em outras disciplinas, o sofrimento, a doença, e a adiar o instante fatal. A filosofia e sua moral levam a pensar a morte para evidenciar sob um ângulo crítico as diferentes atitudes que ela inspira, sabendo extraí-la dos outros desconhecidos.

Enfim, cabe distinguir na abordagem da morte a parte da lei e a parte do desejo. Porém, como vimos, de um lado como do outro uma fixação mórbida pode tolher qualquer desenvolvimento da relação de desconhecido. Suspeitaremos então de certas estruturas do narcisismo, especialmente um narcisismo *retraído*, defensivo contra todo desconhecido, diferente de um narcisismo *trófico* que, ele, sabe tirar proveito das melhores relações e afastar-se daquelas que não o são levando em conta o desconhecido, e nomearei uma terceira forma intermediária, o narcisismo *escrutador* que explora o mundo, o outro e si mesmo para um máximo de controle e de prevalência, inclusive sobre o desconhecido.

Toda a questão está em não permanecer prisioneiro do duplo entrave "é preciso morrer para viver" forçando a Lei — é preciso morrer —, para só pensar isso numa autoridade narcísica que crê dominar o desconhecido, ou inversamente superinvestindo o desejo, como desejo puro, cujo único objetivo só pode ser a morte, ou ainda no sentido de "para viver é preciso matar a morte", seja no risco das façanhas ou no esquecimento, talvez na ignorância, que faz com que não pensemos muito nisso, ainda que neste último caso uma serenidade fiável possa existir.

O desenvolvimento mental ligado a "pensar a morte" sem evitá-la por fugas compensadoras, sem disso fazer, ao contrário, uma idéia fixa, implicaria, pois, que o duplo entrave tomasse já o sentido positivo de uma aceitação, de um assentimento à vida que traz a morte. A Lei pode assim sofrer melhorias conforme o desejo, e o desejo abandonar as ilusões nas quais se perderia. Epicuro já sugeria a solução ao duplo entrave: "Aquele que exorta o jovem a bem viver e o ancião a bem morrer é bobo, não só por causa do encanto da vida, mas também porque é um mesmo estudo o de bem viver e o de bem morrer."[20] E é ainda Epicuro quem designava além disso uma causa maior das *fobias referentes à morte*: "Bobo é pois aquele que diz temer a morte *não porque sofrerá quando ela tiver chegado* [sublinho], mas porque sofre porque ela vai chegar." Mas não é isso substituir uma fobia por outra que não o é menos quando nada permite prever o momento de aparição, a amplitude e a duração desses sofrimentos terminais?

Isto requer, como vimos, etapas evolutivas por sucessivas aplicações da negatividade. Assim surge a *finitude* onde o pensamento da morte não é obturado pelo da castração, e deve-se acrescentar *reciprocamente*; depois onde a Lei não é uma potência feroz superegóica, apoio e pretexto à agressão e ao ódio, atrás da qual se abrigar; e sobretudo onde o desejo não se resume a uma busca de necessidades mas se abre para um desconhecido, impossível de ser conhecido, irredutível e ao mesmo tempo benéfico.

Com o que a Lei torna-se a via que longe de rejeitar o eros, o amor, dele oferece as melhores condições para se realizar, e o desejo não se reduz ao mero desconhecido da morte mas desdobra-se em todo seu alcance, com as múltiplas direções em que pode enveredar rumo a um desconhecido passível de ser conhecido, até programado no campo de uma relação de desconhecido focal, separando-se do desconhecido impossível de ser conhecido.

Este acesso ao desconhecido impossível de ser conhecido, o *ágnostos*, liberado das ilusões e dos mitos que o recobrem desde sempre, constitui uma superação por um *pensamento* que chamarei de *apofático racional*. Foi traçado pela reflexão dos místicos, Mestre Eckhart especialmente,[21] na minha opinião, como tive a oportunidade de dizer.[22] Está logicamente incluído na metapsicologia psicanalítica trabalhando para uma lucidez em face do desconhecido.

E toda pesquisa, toda descoberta do pensamento, confronta-se de mil maneiras com esse desconhecido, contanto que não seja o objeto de fobia, de recalque ou rejeição, e que possa ser recebido como o alcance benéfico do desejo e por isso levar às tomadas de consciência da compreensão *mas também a sua suspensão*, como na contemplação tanto perceptiva quanto mental, assim como na jubilação estética. Entendemos que o desconhecido visado pelo desejo deve ser integrado no próprio simbólico. As transformações, as mudanças do pensamento que se estendem às leis em curso são beneficiadas por essa dinâmica que liga o desejo à linguagem.

Na transferência, convém levar em conta esse movimento positivo do desejo, enquanto processo, e projeto, ação, desenvolvimento, e não se acantoar numa observação depreciativa centrada unicamente nas incapacidades, defesas, traumas inelutáveis. A Lei resumida pelo quadro analítico não deve barrar a passagem do desejo que está mais-além da demanda de amor exposta na transferência. Ademais, o trabalho do desconhecido não será desgastado por revelações prematuras, inoportunas ou (ainda) inassimiláveis. Enfim, os Ideais do Eu e as leis da sociedade de que participa o sujeito em suas sublimações não podem ser negligenciados ou desvalorizados. Sua função benéfica, no passado como hoje, mesmo à revelia do sujeito, poderá ser recebida como uma ajuda no tratamento e aí até encontrar um desabrochar. As ilusões estéticas, os mitos, são não só úteis mas fontes contínuas de alegrias nas ressonâncias e nas alianças humanas. O desconhecido que circula através dos ideais, em cada uma de suas cinco orientações abertas e traçadas pela Lei, relança o alcance do desejo.

NOTAS

PREFÁCIO

1. S. Freud, *Trois essais sur la théorie sexuelle* (1905), Gallimard, 1987, p. 83.

S. Freud, *Nouvelle suite de leçons d'introduction à la psychanalyse* (1932), *Oeuvres complètes*, XIX, PUF, 1995, p.178.

2. Remeterei a esse respeito a meu texto: "L'hystérie: névrose d'inconnu", *Topique*, 1988, 41, p.19-47.

4. Cf. meus textos: "Études des perversions sexuelles à partir du fétichisme" na obra coletiva, *Le désir et la perversion,* Seuil, 1967, p.7-40. E "Le fétichisme dont se dérobe l'objet", *Nouvelle Revue de Psychanalyse*, 1970, 2, p.31-40.

5. Cf. Freud em "Théorie et pratique de l'interprétation du rêve" (1923), *Oeuvres complètes*, XVI, PUF, 1991, 175 sq.

6. Em *Éléments de l'interprétation,* Gallimard, 1985.

I. DESEJAR OU/ONDE SONHAR

1. Cf. a montagem fotográfica bem conhecida do rosto dos surrealistas: "Não vejo a... escondida pela floresta" (*La Révolution Surréaliste*, 12, 15 de dezembro de 1929).

2. Assim se compreenderia igualmente a síndrome de Elpenor descrita por Logre.

3. Que sonho perseguis, caro Lol. V. Stein, ao deixardes a vossos olhos apenas um espetáculo marginal a desafiar a acomodação?

4. "Trazido do fundo da vida
O corpo todo em peixes surge da rede molhada
No cerrado
Ar em torno do leito
O argus da deriva cara os olhos fixos semi-fechados semi-abertos."
(A. Breton, Quels apprêts, *Signe Ascendant*, Gallimard, 1968.)

II. A DUPLA POTENCIALIDADE DO INCONSCIENTE

1. G. Rosolato, *Éléments de l'interprétation*, Gallimard, 1985.
2. D. Widlöcher, *Métapsychologie du sens*, PUF, 1986.
3. S. Freud, "Le refoulement", in *Oeuvres complètes*, XIII, p.196, PUF, 1988.
4. Cf. "Le négatif et son lexique", cap. VI.
5. S. Freud, "La négation", in *Résultats, idées, problèmes*, II, PUF, 1985.
6. Cf. "Le négatif et son lexique", cap.VI.
7. J. Laplanche, *L'inconscient et le ça. Problématiques,* IV, PUF, 1981, p.128.
8. J. Nassif, *Freud. L'inconscient*, Galilée, 1977.
9. Op. cit.
10. La négation, op. cit.
11. S. Freud, "L'inconscient", in *Oeuvres complètes*, XIII, PUF, 1988, p.240.
12. G. Rosolato, *La relation d'inconnu*, Gallimard, 1978, p.273.

III. A PULSÃO DE MORTE ENQUANTO MITO

1. Cf. meu livro *Le sacrifice. Repères psychanalytiques*, Paris, PUF, 1987.
2. Cf. "*La pulsion de mort dans la théorie de la pulsion sexuelle*, in *La pulsion de mort*, Paris, PUF, 1986, p.11-26.
3. Cf. *Oeuvres complètes*, XVII, Paris, PUF, 1992, p.12.
4. M.-F.-X. Bichat, *Recherches physiologiques sur la vie et la mort*, 1800, Charpentier (1844), p.1.
5. Cf. a obra coletiva *La pulsion de mort*, op. cit.
6. Cf. meu texto "La psychanalyse au négatif", *Topique*, 1977, 18, p.23 sq.
7. Cf. M. Bourgeois, "Existe-t-il des modèles animaux du suicide?", in *Psychologie médicale*, 1987, 19, 5, p.739-40.
8. Cf. P.-L. Assoun, *L'École de Francfort*, Paris, PUF, 1987.
9. Cf. W. Reich, *L'analyse caractérielle* (1933), Paris, Payot, 1971, p.201.
10. J. Guillaumin, *Entre blessure et cicatrice. Le destin du négatif dans la psychanalyse*, Paris, Champ Vallon, 1987, p.189 sq.
11. Cf. meu texto "La psychanalyse au négatif", op. cit., p.27.
12. "Actuelles sur la guerre et la mort", in *Oeuvres complètes*, XIII, PUF, 1994, p.157.
13. G. Amado, *L'être et la psychanalyse*, no capítulo substancial "La pulsion de mort comme désir d'être", Paris, PUF, 1978, p.139, 158 sq.
14. Cf. U. Lowental, "The death instinct", *The Psychoanalytic Review*, 1983, 4, p.559-70.
15. Cf. L. de Urbubey, *Freud et le diable*, Paris, PUF, 1983.
16. Cf. meu texto, "L'objet de perspective dans ses assises visuelles" (1987), em *Pour une psychanalyse exploratrice dans la culture*, PUF, 1993, p.29-52.
17. Cf. Lacan, Séminaire sur *L'Éthique de la psychanalyse*, Paris, Seuil, p.329.
18. "Actuelles sur la guerre et la mort", op. cit., p.146.
19. Cf. M. Heidegger, *Questions IV*, Paris, Gallimard, 1976, e J. Grondin, *Le tournant dans la pensée de Martin Heidegger,* Paris, PUF, 1987.

IV. As fantasias originárias e seus mitos correspondentes

1. J. Laplanche e J.-B. Pontalis, *Fantasia originária, fantasia das origens, origens da fantasia* (1964), Rio de Janeiro, Jorge Zahar, 1988.

2. Cf. D. Anzieu, "Les signifiants formels et le Moi-Peau", in *Les enveloppes psychiques*, Dunod, 1987, p.1-22.

3. Cf. o capítulo precedente, "A dupla potencialidade do inconsciente".

4. Sobre esse assunto, ver o nº 155 de *Diogène* (1991), "Des étoiles à la pensée", para os mesmos desfechos a respeito da origem nas ciências.

5. H. Roiphe e E. Galenson. *La naissance de l'identité sexuelle* (1981), PUF, 1987.

6. Assim, para J.-P. Valabrega, "O sentido do sujeito, sua verdade, encontram-se no mito e em nenhum outro lugar"; cf. *Phantasme, mythe, corps et sens. Une théorie psychanalytique de la connaissance*, Payot, 1980, p.42 e 52.

7. S. Freud, "Le roman familial des névrosés", em *Névrose, psychose et perversion*, PUF, 1973.

8. F. Gantheret, "L'originaire: la métaphore inaccomplie", em *Psychanalyse à l'Université*, 1989, 55, p.29-48.

9. "Paranoïa et scène primitive" (1963), in *Essais sur le symbolique*, Gallimard, 1969.

10. S. Freud, "Communication d'un cas de paranoïa contredisant la théorie psychanalytique" (1915), *Oeuvres complètes*, XIII, p.305-18.

11. Le père dans le système génératif de la paranoïa" (1980), in *Éléments de l'interprétation*, Gallimard, 1985.

12. Cf. meu texto "La castration quant au père", *Journal de la Psychanalyse de l'Enfant: la Fonction Paternelle*, 1992, 11, p.159-202.

13. Cf. meu livro *Le sacrifice. Repères psychanalytiques*, PUF, 1987.

14. J. Laplanche, *Nouveaux fondements pour la psychanalyse*, PUF, 1987.

15. Cf. meu texto, "Idoles matérielles. Idoles de mots", in *Pour une psychanalyse exploratrice dans la culture*, PUF, 1993, p.257-72.

16. Essa "ressurreição da carne" está inscrita no Símbolo dos apóstolos. É afirmada por são Paulo (1 Co. 15, 12-57) e anunciada no Antigo Testamento (Ez. 37, 1-14; Dan. 12, 1 sq.).

17. Em *Le sacrifice*, op. cit., p.155.

18. Cf. *Correspondance de Sigmund Freud avec le pasteur Pfister*, 1909-39, carta de 9 de outubro de 1918, Gallimard, 1966, p.105.

19. M. Éliade, *Aspects du mythe* (1963), Gallimard, col. "Folio", 1988, p.99 e 176-7.

20. T. Reik, *Mythe et culpabilité. Crime et châtiment de l'humanité* (1957), PUF, 1979.

21. W.F. Otto, *Essais sur le mythe* (1955-1962), Trans-Europ-Repress, Mauvézin, 1987, p.43.

22. Ibid., p.71.

23. Hölderlin, "Le Rhin", in *Oeuvres*, La Pléiade, 1967, p.850.

24. Onde se encontra o pensamento de M. Heidegger, cf. *Les hymnes de Hölderlin: la Germanie et le Rhin (1934-1935)* (1980), Gallimard, 1988.

25. S. Freud, No final de *L'avenir d'une illusion (1927), Oeuvres complètes*, XVIII, PUF, 1994, p.197.

V. SOLIDÃO: SUPLÍCIO OU SERENIDADE

1. Atas publicadas nas Éditions du Non-Verbal, Bordeaux, 1985
2. Em *L'Abrégé de psychanalyse* (1938), PUF, 1970, p.60, *SE* 23, p.188.
3. Nos três volumes (1969 a 1980) de *Attachement et perte* (trad. fr.: PUF).
4. Em *Envie et gratitude et autres essais*, Gallimard, 1968, p.119-37.
5. Para esta questão, ver meu texto "La castration quant au père", apresentado no Colóquio de Mônaco sobre a função paterna (1990), cf. o *Journal de la Psychanalyse de l'Enfant*, 1992, 11, p.159-202.
6. Trata-se de meu texto "Culpabilité et sacrifice" (1974), in *La relation d'inconnu*, Gallimard, 1978, p.81-94. Consultar também para um estudo mais amplo meu livro sobre *Le sacrifice. Repères psychanalytiques*, PUF, 1987.
7. Cf. o capítulo "L'effort pour rendre l'autre fou. Un élément dans l'étiologie et la psychothérapie de la schizophrénie" (1959), in *L'effort pour rendre l'autre fou*, Gallimard, 1977.
8. Cf. H. Searles, op. cit., p.162.
9. Em *Da pediatria à psicanálise*, Rio de Janeiro, Francisco Alves, 1988.
10. Essa continuidade de ser é indispensável para que em seguida "a elaboração de um pensamento pessoal garanta o sentimento de identidade": eu citava Nicole Berry, *Le sentiment d'identité*, Éd. Universitaires, 1987, p.91.
11. Cf. Louis Gardet, *La mystique*, PUF, 1970, p.105 sq.
12. Tirados de suas *Parerga et paralipomena* (1851), PUF, "Quadrige", 1983.
13. Traduzido por Éditions de la Différence, 1984.
14. Cf. o texto que lhe dediquei "John Cowper Powys: "L'extase préméditée" em *Pour une psychanalyse exploratrice dans la culture*.

VI. O NEGATIVO E SEU LÉXICO

1. J. Hyppolite, *Logique et existence*, Paris, PUF, 1953, p.135 sq.
2. G. Rosolato, "La psychanalyse au négatif", *Topique*, 18, 1977, p.11-30.
3. *Entre blessure et cicatrice. Le destin du négatif en psychanalyse*, Paris, Champ Vallon, 1987.
4. "La négation", em *Résultats, idées, problèmes*, II, PUF, 1985.
5. Cf. meu texto "Études des perversions sexuelles à partir du fétichisme", na obra coletiva *Le désir et la perversion*, Paris, Seuil, 1967, p.9-40.
6. Gallimard, 1978.
7. Gallimard, 1935.

VII. O "PONTO DE VISTA ECONÔMICO" EM PSICANÁLISE

1. S. Freud, "L'inconscient", *Oeuvres complètes*, XIII, PUF, p.221.
2. J. Laplanche e J.-B. Pontalis, *Vocabulário da psicanálise*, São Paulo, Martins Fontes. Cf. "Econômico".

3. J. Laplanche, *Nouveaux fondements pour la psychanalyse* (1987), PUF, 1990, p.139-40.

4. R. Schafer, *L'attitude analytique* (1983), PUF, 1988, p.137-8.

5. Cf. meu texto "Transfert. Sur les traces de la suggestion", *Nouvelle Revue de Psychanalyse*, 1994, 50, p.131-54.

6. Cf. mais adiante "O desconhecido na experiência do desejo", e "O desconhecido na idealização do desejo".

7. Para uma definição desse termo ver minhas obras, *La relation d'inconnu*, Gallimard, 1979 e *Les éléments de l'interprétation*, Gallimard, 1985.

8. S. Freud, "Le problème économique du masochisme" (1924), *Oeuvres complètes*, XVII, PUF, 1992, p.12-3.

9. Op. cit., p.13.

10. F. Perroux, *Pouvoir et économie*, Bordas, 1973.

11. Ver mais acima o capítulo "A pulsão de morte enquanto mito".

12. Ao fim do artigo, op. cit., p.20-3.

13. Cf. H. Brochier, L'économie et l'unité de la méthode scientifique. Le débat entre explication et compréhension, em *Économies et sociétés*, série "Oeconomia", Histoire de la pensée économique, PE, 17, agosto 1992, p.59-72.

14. D. Winnicott, *Jeu et réalité* (1971), Gallimard, 1975, p.91. [Ed. bras.: *O brincar e a realidade*, Rio de Janeiro, Imago, 1979.]

VIII. O DESCONHECIDO NA EXPERIÊNCIA DO DESEJO

1. Cf. o cap. II: "A dupla potencialidade do inconsciente".

2. Cf. meu texto "Comment s'isolent les signifiants de démarcation", *Topique*, 1992, 49, p.65-81.

3. Ibid.

4. Cf. o esquema e meu texto "Organisation de la pensée par les premiers nombres et metapsychologie", em *Éléments de l'interprétation*, Gallimard, 1985, p.133-65, e p.153.

5. Cf. meu texto "La castration quant au père" no *Journal de la Psychanalyse de l'Enfant*, 1992, 11: "La fonction paternelle", p.159-202.

6. D. Anzieu, "Les signifiants formels et le Moi-Peau", in *Les enveloppes psychiques*, Dunod, 1987, p.1-22, cf. p.16 sq.; "La peau psychique", in *L'épiderme nomade et la peau*, Apsygée, 1990, p.25-129, cf. p.62.

7. Cf. meu texto "L'hystérie, névrose d'inconnu", *Topique*, 1988, 41, p.19-47.

8. Cf. a esse respeito, o último capítulo de meu livro, *La relation d'inconnu*, Gallimard, 1978.

9. Em seus três volumes J. Bowlby, *Attachement et perte*, 1: *L'attachement* (1969); 2: *La séparation. Angoisse et colère* (1973) 3: *La perte. Tristesse et dépression* (1980), PUF, 1978, 1978, 1980.

10. Para estes estudos ver Gershom Scholem, *Le nom et les symboles de Dieu dans la mystique juive* (1964-1970), Éd. du Cerf, 1983; e *La kabbale et sa symbolique*, Payot, 1966.

11. A. Safran, *La cabale*, Payot, 1960, p.236.

12. Como eu já havia assinalado. Cf. "La scission que porte l'incroyable", em meus *Eléments de l'interprétation*, op. cit.

13. Jean de la Croix, *Les oeuvres spirituelles*, Desclée De Brouwer, 1949.

14. Mestre Eckhart, *Traités et sermons*, Aubier, 1942.

15. Angelus Silesius, *Pèlerin chérubinique*, Aubier, 1949.

16. G. Bataille, *Somme athéologique*, I: *L'expérience intérieure*, II: *Le coupable*, Gallimard, 1954.

17. Um livro recente presta fielmente contas do percurso de Bataille: Pierre Prévost, *Georges Bataille et René Guénon. L'expérience souveraine*, Jean-Michel Place, 1992.

18. Em *L'interprétation du rêve*, PUF, p.520.

19. W. R. Bion, *Aux sources de l'expérience* (1962), PUF, 1979.

20. J. Lacan, *Escritos*, Rio de Janeiro, Jorge Zahar, 1998, p.794 e 799.

21. J. Lacan, *Le Séminaire*, livre VII: *L'éthique de la psychanalyse*, Seuil, 1986, p.329. E "A função do desejo deve manter uma relação fundamental com a morte", p.351.

IX. O DESCONHECIDO NA IDEALIZAÇÃO DO DESEJO

1. Cf. o capítulo anterior.

2. Cf. "L'ombilic et la relation d'inconnu", in *La relation d'inconnu*, Paris, Gallimard, 1978, p.273.

3. E inscrevo-me aqui numa reflexão pertinente iniciada por Patrick Guyomard em *O gozo do trágico: Antígona, Lacan e o desejo do psicanalista*, Rio de Janeiro, Jorge Zahar, 1996. A partir de Jacques Lacan, O Seminário, livro 7, *A ética da psicanálise*, Rio de Janeiro, Jorge Zahar, 1988.

4. Cf. meu texto "Pananoïa et scène primitive" em meus *Essais sur le symbolique*, Paris, Gallimard, 1969.

5. Nicolle Kress-Rosen, *Trois figures de la passion*, Paris, Springer-Verlag France, 1993.

6. George Steiner, *La mort de la tragédie* (1961), Paris, Gallimard, "Folio/Essais", 1993, p.177.

7. Freud, *Introduction à la psychanalyse* (1915-1917), Paris, Payot, 1951, p.356; *SE*, XVI, p.331.

8. Cf. o relato da operação de catarata, com o que pode evocar, e relações com o oftalmologista que dela cuidara: em Gaëtan de Clérambault, *Souvenirs d'un médecin opéré de la cataracte* (1935, publicação póstuma), *Oeuvre psychiatrique*, Paris, PUF, 1942, t.II, p.821-8. Cf. também meu texto, "Clérambault et les délires passionnels", na *Nouvelle Revue de Psychanalyse*, 1980, 21, "La passion", p.199-215.

9. Cf. sobre este assunto meus textos, "La castration quant au père", *Journal de la Psychanalyse de l'Enfant. La Fonction Paternelle* (Colloque de Monaco, 1990), 1992, nº 11, p. 159-202; e neste volume, "As fantasias originárias e seus mitos correspondentes".

10. Em "Mais-além do princípio de prazer" (1920) e "O problema econômico do masoquismo" (1924).

11. Jacques Lacan, *Le Séminaire,* livre XI: *Les quatre concepts fondamentaux de la psychanalyse* (1964), Paris, Seuil, 1973, p.48.

X. TRANSPOSIÇÃO DO DESEJO

1. Cf. Freud: "C'est ce mouvement que nous appelons désir", in *L'interprétation des rêves*, PUF, 1967, p.481.

2. Cf. J. Dor, *Introduction à la lecture de Lacan*, 1: *L'inconscient structuré comme un langage*, Denoël, 1985, p.182, e toda a terceira parte do livro que trata do desejo.

3. F.G.W. Hegel, *La phénoménologie de l'esprit*, Aubier (1939) (trad. J. Hyppolite), t.I, p.147.

4. J. Hyppolite, *Genèse et structure de la phénoménologie de l'esprit de Hegel*, Aubier, 1946.

5. Ver a esse respeito meu texto "La castration quant au père", *Journal de la Psychanalyse de l'Enfant*, 1992, 11, p.159-202.

6. Cf. meu trabalho, "Hystérie, névrose d'inconnu", *Topique*, 1988, 41.

7. Remeterei a meu texto "Idéaux sexuels", in *La relation d'inconnu*, Gallimard, 1978, p.177-98, cf. p.196.

8. Cf. meu texto, "L'ombilic et la relation d'inconnu", in *La relation d'inconnu*, Gallimard, 1978.

9. M. Collot, *La poésie moderne et la structure d'horizon*, PUF, 1989. Cf. p.69: "É esta distância interior, este afastamento sempre mantido de si a si, que destina o homem ao desejo."

10. Cf. "La négation", *Oeuvres complètes*, XVII, PUF, p.165-71; e p.170: "Mas reconhecemos, como condição para instaurar-se o exame de realidade, que se tenham perdido objetos que outrora haviam trazido uma satisfação real."

11. Cf. "L'oscillation métaphoro-métonymique", in *La relation d'inconnu*, op. cit.

12. M. Collot, op. cit., p.185.

13. Cf. capítulo 4: "As fantasias originárias e seus mitos correspondentes".

14. Montaigne faz referência a Cícero que "diz que Filosofar não é outra coisa senão preparar-se para a morte". Evoca os "egípcios, que, em meio aos festins, e durante a melhor comida, mandavam trazer a Anatomia seca do corpo de um homem morto, para servir de advertência aos convivas" e também o costume romano de alegrar os festins com assassinatos e combates armados aspergindo sangue nas mesas do banquete. (Cf. *Essais*, liv.1, cap.XX, Gallimard, "La Pléiade", 1962, p.79, 85, 88 (1451)).

15. "Actuelles sur la guerre et la mort" (1915), *Oeuvres complètes*, XIII, 1994, p.127-57; cf. p.145 e 157.

16. "Le motif du choix des coffrets" (1913), in *L'inquiétante étrangeté et autres essais*, Gallimard, 1985, p.61-81.

17. Cf. E. Jones, *Sigmund Freud. Life and Work*, vol.III, The Hogarth Press, 1957, p.262.

18. Cf. meu texto, "La communauté constituée en tant que fonction maternele par le sacrifice, mythe central de lá civilisation occidentale", in *Pour une psychanalyse exploratrice dans la culture*, PUF, 1993.

19. Para são Paulo, o triunfo completo de Cristo contra os inimigos será a ressurreição final dos mortos em seus próprios corpos: "O último inimigo a ser destruído será a morte" (1 Coríntios, 15, 26). "Morte, onde está a tua vitória? Morte, onde está o teu aguilhão? O aguilhão da morte, é o pecado e a potência do pecado, é a lei". (Ibid., 15, 55-56).

20. Epicuro, "Lettre à Ménécée". Cf. Marcel Conche, *Épicure. Lettres et maximes*, Mégare, 1977, p.219.

21. Remeterei ao belo livro *Voici Maître Eckhart*, textos e estudos reunidos por Émilie Zum Brunn, Jérôme Millon, 1994.

22. Cf. aqui no cap.8: "O desconhecido na experiência do desejo".

Referências cronológicas

(1972) Désirer ou/où rêver, *NRP. L'espace du rêve*, 1972, nº 5, p.273-83.

(1988) La pulsion de mort en tant que mythe, *Psychanalyse à l'Université*, abril 1988, nº 50, p.233-60.

(1989) Le négatif et son lexique, in *Le négatif. Figures et modalités*, obra coletiva, Dunod, col. "Inconscient et culture", 1989, p.9-22.

(1990) La double potentialité de l'inconscient, *Psychanalyse à l'Université*, julho 1990, nº 59, p.3-12.

(1992) Les fantasmes originaires et leurs mythes correspondants, *NRP. La scène primitive et quelques autres*, outono 1992, nº 46, p.223-46.

(1994) Solitude: supplice ou sérénité, *Isolement et solitude aujourd'hui. Recherche et rencontres*, Lyon, 1994, p.27-42.

(1994) "Le point de vue économique", 1994.

(1994) L'inconnu dans l'expérience du désir, na obra coletiva em homenagem a Didier Anzieu, *Les voies de la psyché*, Dunod, 1994, p.145-62.

(1994) L'inconnu dans l'idéalisation du désir, *Études freudiennes. L'inconscient, l'inceste et la dimension du tragique en psychanalyse*, maio 1994, nº 35, p.5-21.

(1995) "Franchissement du désir", 1995.

Livros que integram a coleção Transmissão da Psicanálise

1 A exceção feminina, *Gérard Pommier*
2 Gradiva, *Wilhelm Jensen*
3 Lacan, *Bertrand Ogilvie*
4 A criança magnífica da psicanálise, *Juan-David Nasio*
5 Fantasia originária, fantasias das origens, origens da fantasia, *Jean Laplanche e J.-B. Pontalis*
6 Inconsciente freudiano e transmissão da psicanálise, *Alain Didier-Weill*
7 Sexo e discurso em Freud e Lacan, *Marco Antonio Coutinho Jorge*
8 O umbigo do sonho, *Laurence Bataille*
9 Psicossomática na clínica lacaniana, *Jean Guir*
10 Nobodaddy – a histeria no século, *Catherine Millot*
11 Lições sobre os 7 conceitos cruciais da psicanálise, *Juan-David Nasio*
12 Da paixão do ser à "loucura" do saber, *Maud Mannoni*
13 Psicanálise e medicina, *Pierre Benoit*
14 A topologia de Jacques Lacan, *Jeanne Granon-Lafont*
15 A psicose, *Alphonse de Waelhens*
16 O desenlace de uma análise, *Gérard Pommier*
17 O coração e a razão, *Léon Chertok e Isabelle Stengers*
18 O mais sublime dos histéricos, *Slavoj Zizek*
19 Para que serve uma análise?, *Jean-Jacques Moscovitz*
20 Introdução à obra de Françoise Dolto, *Michel H. Ledoux*
21 O conceito de renegação em Freud, *André Bourguignon*
22 Repressão e subversão em psicossomática, *Christophe Dejours*
23 O pai e sua função em psicanálise, *Joël Dor*
24 A histeria, *Juan-David Nasio*
25 Hölderlin e a questão do pai, *Jean Laplanche*
26 Eles não sabem o que fazem, *Slavoj Zizek*
27 A ordem sexual, *Gérard Pommier*
28 A neurose infantil da psicanálise, *Gérard Pommier*
29 Pulsão e inconsciente, *Noga Wine*
30 Cinco lições sobre a teoria de Jacques Lacan, *Juan-David Nasio*
31 Psicossomática, *Juan-David Nasio*
32 Fim de uma análise, finalidade da psicanálise, *Alain Didier-Weill*
33 Freud e a mulher, *Paul-Laurent Assoun*

34 Conversas com o Homem dos Lobos, *Karin Obholzer*
35 Eros e verdade, *John Rajchman*
36 Leitura das perversões, *Georges Lanteri-Laura*
37 O olhar em psicanálise, *Juan-David Nasio*
38 Amor, ódio, separação, *Maud Mannoni*
39 O nomeável e o inominável, *Maud Mannoni*
40 O real e o sexual, *Claude Conté*
41 Introdução às obras de Freud, Ferenczi, Groddeck, Klein, Winnicott, Dolto, Lacan, *Juan-David Nasio*
42 Metapsicologia freudiana, *Paul-Laurent Assoun*
43 A obra clara, *Jean-Claude Milner*
44 O gozo do trágico, *Patrick Guyomard*
45 O estranho gozo do próximo, *Philippe Julien*
46 Do bom uso erótico da cólera, *Gérard Pommier*
47 As origens femininas da sexualidade, *Jacques André*
48 A ética da diferença, *Doris Rinaldi*
49 O tempo na psicanálise, *Sylvie Le Poulichet*
50 O sono dogmático de Freud, *Pierre Raikovic*
51 Sujeito e singularidade, *Olandina M.C. de Assis Pacheco*
52 Freud e a sexualidade, *Jean Laplanche*
53 O livro do amor e da dor, *Juan-David Nasio*
54 A alucinação e outros estudos lacanianos, *Juan-David Nasio*
55 Os Três Tempos da Lei, *Alain Didier-Weill*
56 Freud/Fliess, *Erik Porge*
57 Pulsão e linguagem, *Ana Maria Rudge*
58 Elas não sabem o que dizem, *Maud Mannoni*
59 O prazer de ler Freud, *Juan-David Nasio*
60 Como trabalha um psicanalista?, *Juan-David Nasio*
61 Linguagem e psicanálise, lingüística e inconsciente, *Michel Arrivé*
62 A força do desejo, *Guy Rosolato*

Este livro foi composto pela Textos & Formas, em Times New Roman, e impresso por Hamburg Donnelley Gráfica Editora em setembro de 1999.